Expresiones en matemáticas

Haz la tarea y recuerda • Volumen 1

Desarrollado por
The Children's Math Worlds Research Project

DIRECTORA DEL PROYECTO Y AUTORA
Dr. Karen C. Fuson

This material is based upon work supported by the
National Science Foundation
under Grant Numbers
ESI-9816320, REC-9806020, and RED-935373.

Any opinions, findings, and conclusions, or recommendations expressed in this material are those of the author and do not necessarily reflect the views of the National Science Foundation.

HOUGHTON MIFFLIN HARCOURT

Revisores

Kindergarten
Patricia Stroh Sugiyama
Wilmette, Illinois

Barbara Wahle
Evanston, Illinois

Grade 1
Sandra Budson
Newton, Massachusetts

Janet Pecci
Chicago, Illinois

Megan Rees
Chicago, Illinois

Grade 2
Molly Dunn
Danvers, Massachusetts

Agnes Lesnick
Hillside, Illinois

Rita Soto
Chicago, Illinois

Grade 3
Jane Curran
Honesdale, Pennsylvania

Sandra Tucker
Chicago, Illinois

Grade 4
Sara Stoneberg Llibre
Chicago, Illinois

Sheri Roedel
Chicago, Illinois

Grade 5
Todd Atler
Chicago, Illinois

Leah Barry
Norfolk, Massachusetts

Reconocimientos
Cover art: © Arco Images GmbH/Alamy
Illustrative art: Dave Klug
Technical art: Morgan-Cain & Associates

Printed in the U.S.A.

ISBN: 978-0-547-38913-4

6 7 8 9 10 2266 19 18 17 16 15

4500565599

 Nombre ______ Fecha ______

Haz la tarea

Halla el número desconocido.

1. $3 \times 7 =$ ______
2. $32 / 4 =$ ______
3. $7 \times 5 =$ ______
4. $6 \times$ ______ $= 24$
5. $5 \times$ ______ $= 30$
6. $3 \times$ ______ $= 24$
7. $15 / 3 =$ ______
8. $20 / 5 =$ ______
9. $18 / 6 =$ ______
10. $9 \cdot 2 =$ ______
11. $3 \cdot 9 =$ ______
12. $4 \cdot 4 =$ ______

Escribe una ecuación para cada problema.
Luego resuelve el problema.

Muestra tu trabajo.

13. Hay 4 tazas de medir en un juego. La clase de ciencias del Sr. Merton tiene 7 juegos de tazas de medir. ¿Cuántas tazas hay en total? ______
14. Un carrusel tiene 40 caballos. Hay 4 caballos en cada fila. ¿Cuántas filas hay en el carrusel? ______
15. Morgan tiene 24 dólares. Ella quiere comprar unos sombreros de fiesta que cuestan 3 dólares cada uno. ¿Cuántos sombreros de fiesta puede comprar Morgan? ______
16. Los García tienen un reloj al que tienen que darle cuerda una vez a la semana. ¿Cuántas veces tendrán que darle cuerda durante el mes de febrero, que tiene 28 días? ______
17. Hay 8 autos en un taller. Todos los autos necesitan 4 llantas nuevas. ¿Cuántas llantas se necesitan en total? ______
18. Escribe tu propio problema de multiplicación o división. Luego, escribe una ecuación para resolver tu problema. ______

______

______

Recuerda

Completa.

1. $2 \times$ ______ $= 6$
2. $10 / 5 =$ ______
3. ______ $\times 3 = 12$
4. ______ $\times 5 = 25$
5. $6 \cdot$ ______ $= 24$
6. $7 \times 2 =$ ______
7. $16 / 8 =$ ______
8. ______ $\times 1 = 9$
9. ______ $\cdot 4 = 20$
10. $3 \times$ ______ $= 18$
11. ______ $\times 7 = 28$
12. $9 / 3 =$ ______
13. $4 \times 10 =$ ______
14. $2 \cdot$ ______ $= 4$
15. ______ $\times 6 = 6$

Escribe una ecuación. Luego, resuelve cada problema.

16. Tanya piensa leer 2 libros cada mes. Si logra su meta, ¿cuántos libros leerá en 1 año?

______

______

17. Al prepararse para un examen, Elena estudió durante una hora y media. ¿Cuántos minutos estudió Elena?

______

______

18. Anthony quiere distribuir 15 juguetes por igual entre 5 amigos. ¿Cuántos juguetes recibirá cada amigo?

______

______

19. El cumpleaños de Kelvin es dentro de 14 días. ¿Cuántas semanas faltan para que Kelvin celebre su cumpleaños?

______

______

20. En una perrera cuidan a 5 mascotas. La semana pasada, cuidaron 3 veces más mascotas. ¿Cuántas mascotas cuidaron en la perrera la semana pasada?

______

______

21. Un cartón de huevos tiene 12 espacios para huevos. Si el cartón tiene 2 filas y 4 huevos en cada fila, ¿cuántos espacios vacíos tiene el cartón?

______

______

Nombre ________________ Fecha ________________

Haz la tarea

Identifica la situación y exprésala como una ecuación. Luego resuelve cada problema.

1. Una caja grande de crayolas tiene 60 crayolas. Hay 10 crayolas en cada fila. ¿Cuántas filas tiene la caja?

   Situación: ________________

   Ecuación: ________________

   ____

2. Un cartel mide 4 pies de largo por 3 pies de ancho. ¿Cuántos pies cuadrados de pared cubre el cartel?

   Situación: ________________

   Ecuación: ________________

   ____

3. Una tarjeta de bingo tiene 5 filas y 5 columnas de cuadrados. Jasmine y su amiga tienen que cubrir todos los cuadrados para ganar. ¿Cuántos cuadrados deben cubrir para ganar el juego?

   Situación: ________________

   Ecuación: ________________

   ____

4. Hay 28 estudiantes en la clase de la Srta. Fletcher. Ella los repartió en 7 grupos para un proyecto de ciencias. ¿Cuántos estudiantes hay en cada grupo?

   Situación: ________________

   Ecuación: ________________

   ____

Calcula el largo (*l*), el ancho (*a*) o el área (*A*). Recuerda: $A = l \times a$.

5. $6 \times 3 = A$

   $A =$ ______

6. $8 \times a = 32$

   $a =$ ______

7. $A = 7 \cdot 5$

   $A =$ ______

8. $45 / 5 = l$

   $l =$ ______

9. 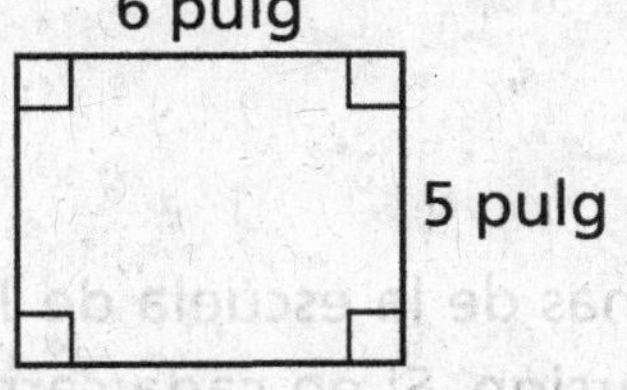

   Área = ______ pulg^2

10. 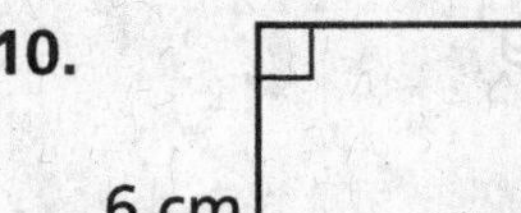

    largo = ______ cm

11. Un rectángulo tiene un área de 18 metros cuadrados. El largo y el ancho son números enteros. Escribe todos los largos y anchos posibles para este rectángulo.

    ____

    ____

Nombre ______________________ Fecha ______________

Recuerda

Completa.

1. $3 \times 3 =$ ______ **2.** $10 \times$ ______ $= 20$ **3.** ______ $\times 5 = 30$

4. ______ $\times 7 = 21$ **5.** $24 / 6 =$ ______ **6.** $1 \times$ ______ $= 11$

7. $4 \times 8 =$ ______ **8.** $9 \times$ ______ $= 36$ **9.** ______ $\times 8 = 72$

Calcula el largo desconocido.

10. $7 \cdot a = 42$
$a =$ ______

11. $A = 6 \cdot 8$
$A =$ ______

12. $l \cdot 6 = 18$
$l =$ ______

13. $9 \times 9 = A$
$A =$ ______

14. $27 = 3 \cdot a$
$a =$ ______

15. $l \times 4 = 24$
$l =$ ______

16. $2 \times a = 14$
$a =$ ______

17. $63 = l \cdot 9$
$l =$ ______

18. $40 = 4 \cdot a$
$a =$ ______

Escribe la medida que falta.

19. 
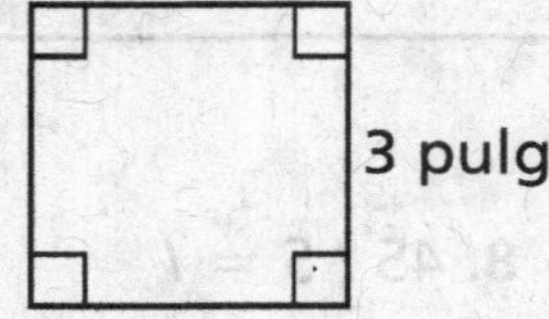

Área = ______ pulg^2

20. 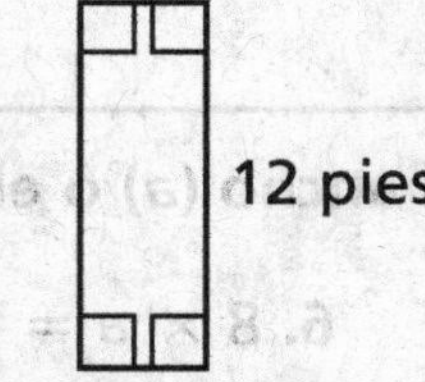

Área = 24 pies^2

ancho = ______ pies

Escribe una ecuación. Luego, resuelve el problema.

21. Un teléfono portátil tiene 21 botones en el teclado. En cada fila hay 3 botones. ¿Cuántas filas de botones tiene el teclado?

Ecuación ______________________

____

22. Veinte personas de la escuela de Jeff irán a la excursión. Si en cada carro caben 5 personas, ¿cuántos carros se necesitan para la excursión?

Ecuación ______________________

____

Haz la tarea

Escribe la situación: grupos iguales, matriz o área. Luego escribe una ecuación y resuelve el problema.

1. En el Café Primavera hay 6 sillas en cada mesa. En total hay 42 sillas. ¿Cuántas mesas en total hay en el Café Primavera?

   Situación: ____

   Ecuación: ____

   ____

2. Hester midió el patio en el jardín de la casa. Mide 10 pies de largo y 9 pies de ancho. ¿Cuántos pies cuadrados de terreno cubre el patio?

   Situación: ____

   Ecuación: ____

   ____

3. Miguel visitó un huerto de manzanos. Vio 8 filas y 6 columnas de manzanos. ¿Cuántos manzanos hay en total?

   Situación: ____

   Ecuación: ____

   ____

4. El teatro de cine de Cloverville tiene 72 sillas ordenadas en 9 filas. ¿Cuántas sillas hay en cada fila?

   Situación: ____

   Ecuación: ____

   ____

Halla el área (*A*), el largo (*l*), o el ancho (*a*) de cada ecuación.

5. $9 \times 7 = A$ — $A =$ ____
6. $l = 81 \div 9$ — $l =$ ____
7. $6 \bullet 7 = A$ — $A =$ ____
8. $64 \div 8 = a$ — $a =$ ____
9. $5 \times l = 35$ — $l =$ ____
10. $27 / 9 = a$ — $a =$ ____
11. $40 = 5 \times l$ — $l =$ ____
12. $4 \times l = 36$ — $l =$ ____
13. $56 \div a = 8$ — $a =$ ____
14. $A = 8 \times 6$ — $A =$ ____
15. $45 = l \times 5$ — $l =$ ____
16. $25 \bullet a = 100$ — $a =$ ____

Responde cada pregunta.

17. Si $8 \times 12 = 96$, entonces ¿cuánto es 12×8? ____
18. Si $144 \div 9 = 16$, entonces ¿cuánto es 16×9? ____

 Nombre ______ Fecha ______

Recuerda

Multiplica o divide.

1. $8 \cdot 9 =$ ______
2. $7 \cdot 7 =$ ______
3. $4 \cdot 2 =$ ______
4. $99 \div 9 =$ ______
5. $16 / 4 =$ ______
6. $56 \div 8 =$ ______
7. $9 \times 9 =$ ______
8. $63 \div 7 =$ ______
9. $3 \times 7 =$ ______
10. $20 / 4 =$ ______
11. $5 \times 5 =$ ______
12. $13 \times$ ______ $= 13$
13. $9 \cdot 5 =$ ______
14. $27 \div 9 =$ ______
15. $10 \cdot 10 =$ ______
16. $8 / 8 =$ ______
17. $\frac{18}{9} =$ ______
18. $\frac{80}{8} =$ ______

Escribe cada cociente.

19. $2\overline{)20}$
20. $6\overline{)30}$
21. $7\overline{)63}$
22. $8\overline{)24}$
23. $5\overline{)0}$
24. $5\overline{)15}$
25. $4\overline{)24}$
26. $9\overline{)36}$
27. $3\overline{)9}$
28. $4\overline{)28}$

Resuelve.

29. Aimee invitó a 5 amigas a su fiesta de cumpleaños. Si Aimee y sus amigas se sientan en 2 mesas en grupos iguales, ¿cuántas personas se sentarán en cada mesa?

______

30. Una colcha está hecha de 8 filas de cuadrados y en cada hilera hay 6 cuadrados. Cada cuadrado mide 1 pie de lado. Explica cómo hallar el área de la colcha en pies cuadrados. Luego, escribe el área.

______

______

______

______

______

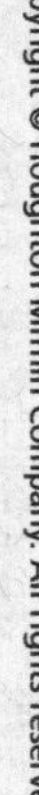

Haz la tarea

Completa.

1. 9 × ______ = 36
2. 81 ÷ 9 = ______
3. 1 • ______ = 26
4. ______ × 5 = 25
5. 32 ÷ 4 = ______
6. 0 × 9 = ______
7. 0 ÷ 16 = ______
8. 14 • ______ = 0
9. ______ × 10 = 10
10. 49 ÷ 7 = ______
11. 4 • ______ = 28
12. 40 ÷ 8 = ______

Indica cuál es la situación, exprésala en una ecuación y resuelve el problema.

13. Los integrantes de una banda se ofrecieron como voluntarios para pintar un mural. El mural cubre un área de 15 pies cuadrados. Si el mural mide 5 pies de ancho, ¿cuál es su longitud?

    Situación: ______

    Ecuación: ______

    ______

14. La directora de la banda pidió 10 paquetes de libros de música. En cada paquete hay 8 libros. ¿Cuántos libros de música recibirá?

    Situación: ______

    Ecuación: ______

    ______

15. Cada percusionista que toca tambor tiene 4 palillos. En total hay 36 palillos. ¿Cuántos percusionistas hay la banda?

    Situación: ______

    Ecuación: ______

    ______

16. La banda tiene 48 músicos. Hay 6 personas en cada fila. ¿Cuántas filas hay en la banda?

    Situación: ______

    Ecuación: ______

    ______

¿Cuál de estas respuestas es incorrecta? ¿Cómo lo sabes?

17. 32 × 14 = 448 53 × 17 = 906 46 × 18 = 828

    ______

    ______

    ______

    ______

Nombre ______________________ Fecha ______________

Recuerda

Resuelve la incógnita.

1. 72 ÷ ______ = 8
2. $\frac{32}{8}$ = ______
3. ______ ÷ 8 = 6
4. 5 × ______ = 30
5. 7 = ______ ÷ 6
6. ______ = 8 × 8
7. ______ = 35 ÷ 5
8. 7 × ______ = 56
9. ______ × 10 = 100
10. ______ = 24 ÷ 6
11. 3 × ______ = 0
12. 20 ÷ ______ = 5
13. 27 = 9 × ______
14. ______ = 2 × 8
15. 6 = ______ ÷ 2
16. ______ × 4 = 40
17. 3 = 6 ÷ ______
18. ______ × 8 = 0
19. 9 × ______ = 45
20. ______ = 36 ÷ 6
21. 54 = ______ × 6
22. 15 − 6 = ______
23. 12 − 12 = 1 × ______
24. 7 × ______ = 8 + 6

Resuelve.

25. La asistencia a 2 funciones de la obra de teatro de una escuela fue de 361 personas en total. Si 193 personas asistieron a la primera función, ¿cuántas personas asistieron a la segunda?

____

26. La escuela compró 63 computadoras nuevas. 9 clases recibieron el mismo número de esas computadoras. ¿Cuántas computadoras nuevas recibió cada clase?

____

27. Un salón de clases tiene 4 filas de pupitres. En cada fila hay 7 pupitres. ¿Cuántos pupitres hay en el salón de clases?

____

28. Una cartelera mide 7 pies de largo. De ancho mide 3 pies. ¿Qué área de pared cubre la cartelera?

____

29. Durante el primer turno de almuerzo del día, 48 estudiantes se sientan en grupos iguales en 8 mesas de la cafetería de la escuela. ¿Qué número de estudiantes se sientan en cada mesa?

____

30. Los estudiantes se sientan en 5 filas en el auditorio. Si hay 40 estudiantes sentados en las filas por igual, ¿cuántos estudiantes hay en cada fila?

____

 Nombre ____________ Fecha ____________

Haz la tarea

Resuelve cada problema. Rotula tu respuesta.

1. María colocó todos sus caracoles en la pared en 4 filas. En cada fila puso 8 caracoles. ¿Cuántos caracoles tiene María en total?

   ____

2. Arturo recogió 18 caracoles. Quiere repartirlos por igual entre sus 3 mejores amigos. ¿Cuántos caracoles recibirá cada amigo?

   ____

Usa la pictografía y la clave para resolver.

Katie sembró calabazas en la primavera. Ahora las vende. Esta pictografía muestra cuántas calabazas vendió durante el fin de semana.

viernes	🎃🎃🎃🎃
sábado	🎃🎃🎃🎃🎃🎃🎃
domingo	🎃🎃🎃

Clave: 🎃 = 6 calabazas

3. ¿Cuántas calabazas vendió Katie este fin de semana?

   ____

4. ¿Cuántas calabazas más vendió Katie el sábado que el viernes?

   ____

5. El domingo, Katie vendió las calabazas por $3.00 cada una, o 2 por $5.00. ¿Cuál es la mínima cantidad de dinero que recibió?

   ____

6. El viernes, Katie vendió la mitad de las calabazas por $3.00 cada una y el resto a $5.00 por dos calabazas. ¿Cuánto dinero recibió el viernes?

   ____

 Nombre ______________________ Fecha ____________

Recuerda

Querido estudiante de matemáticas.

Mañana tengo una fiesta y voy a invitar a 10 personas. Compré 10 bolsas de fiesta y pienso poner 8 canicas en cada bolsa. Ahora me dijeron que mis dos primos van a venir, así que en total habrá 12 personas.

¿Cuántas canicas tengo que comprar? No sé cómo multiplicar 8 × 12. Esto no está en mi tabla de multiplicación.

Por favor mándame una carta explicando cómo hacer este problema. Gracias.

Atentamente,

El pingüino confundido

¿Los siguientes productos son pares o impares? ¿Cómo lo sabes?

1. 57 × 57 ____________ **2.** 82 × 96 ____________

3. 91 × 23 ____________ **4.** 76 × 75 ____________

5. 27 × 81 ____________ **6.** 92 × 20 ____________

7. 45 × 55 ____________ **8.** 31 × 31 ____________

9. 73 × 84 ____________ **10.** 52 × 32 ____________

 Nombre ____________ Fecha ____________

Haz la tarea

Completa.

1. $6 \times 3 =$ ______ 2. $7 \times 9 =$ ______ 3. $4 \times 0 =$ ______

4. $30 \div 5$ ______ 5. $18 \div 2 =$ ______ 6. $70 \div 7 =$ ______

7. $36 \div$ ______ $= 9$ 8. $3 \times$ ______ $= 24$ 9. ______ $\div 8 = 0$

10. ______ $\times 7 = 35$ 11. $60 =$ ______ $\times 6$ 12. $4 = 28 \div$ ______

13. $72 = 8 \times$ ______ 14. $2 =$ ______ $\div 10$ 15. ______ $= 45 \div 9$

16. $21 =$ ______ $\times 7$ 17. $8 = 64 \div$ ______ 18. ______ $\times 374 = 0$

Resuelve.

19. Usando sólo números enteros, Nikki escribió tantas ecuaciones de multiplicación como pudo con 12 como producto. ¿Cuáles fueron sus ecuaciones?

____

____

20. Pablo escribió cuatro ecuaciones de división con 6 como cociente. ¿Cuáles podrían ser las cuatro ecuaciones que escribió?

____

____

Identifica cada tipo de situación y exprésala en una ecuación. Luego resuelve el problema.

21. Cada estudiante recogió 10 hojas para el proyecto de arte del grupo. En total, el grupo reunió 80 hojas. ¿Cuántos estudiantes hay en el grupo?

Situación: ______________________

Ecuación: ______________________

____

22. El escaparate tenía cajas amontonadas en filas. Cada fila tenía 7 cajas. Si se usaron en total 42 cajas, ¿cuántas filas había en el escaparate?

Situación: ______________________

Ecuación: ______________________

____

 Nombre ______ Fecha ______

Recuerda

Completa.

1. 5 × ______ = 0
2. 1 × ______ = 28
3. 6 × ______ = 36
4. 63 ÷ 9 = ______
5. ______ × 7 = 56
6. 8 × ______ = 24
7. 50 ÷ ______ = 10
8. 6 × ______ = 12
9. $\frac{54}{9}$ = ______
10. 24 ÷ ______ = 6
11. ______ ÷ 8 = 9
12. ______ × 4 = 16
13. 5 × ______ = 40
14. 35 ÷ 7 = ______
15. ______ ÷ 6 = 8
16. 9 × 7 = ______
17. ______ ÷ 11 = 1
18. ______ = 64 ÷ 8
22. ______ ÷ 15 = 0
23. 16 × ______ = 0
24. 12 × ______ = 24

Completa.

25. Si 10 × 25 = 250, ¿entonces cuánto es 250 ÷ 10? ______
26. Si 144 ÷ 24 = 6, ¿entonces cuánto es 6 × 24? ______
27. Si 15 × 15 = 225, ¿entonces cuánto es 225 ÷ 15? ______
28. Si 156 ÷ 13 = 12, ¿entonces cuánto es 156 ÷ 12? ______
29. Si 288 ÷ 18 = 16, ¿entonces cuánto es 18 × 16? ______
30. Si 9 × 45 = 405, ¿entonces cuánto es 405 ÷ 45? ______

Resuelve.

31. Tom calculó que el producto de 14 × 3 es 12. ¿Es correcto este producto? Si no lo es, explica cómo hallar el producto correcto.

______

______

32. Katrina tiene 20 fotografías para agrupar en una matriz en el anuario de la escuela. ¿De cuántas maneras diferentes puede agrupar las fotografías? Explica cómo hallaste las respuestas.

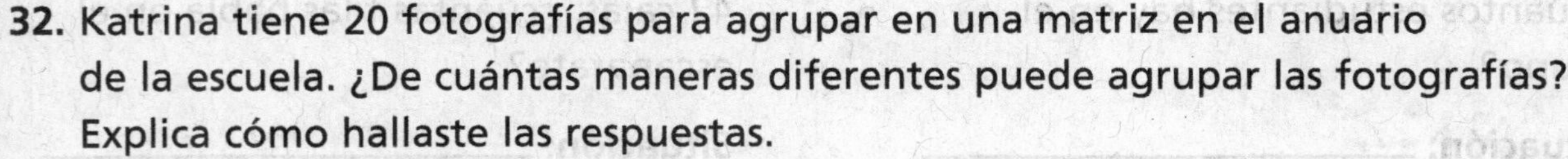

______

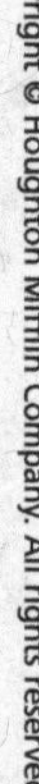

Nombre ______________________________ Fecha ______________

Haz la tarea

Escribe la situación: grupos iguales, matriz, área o combinación. Luego, escribe una ecuación y resuelve el problema.

1. Un tablero de ajedrez tiene 8 filas de cuadrados. Hay 64 cuadrados en total. ¿Cuántas columnas tiene el tablero de ajedrez?

   Situación: ______________________

   Ecuación: ______________________

   ____

2. Una arenera mide 9 pies de largo y 6 pies de ancho. ¿Cuántos pies cuadrados de terreno cubre la arenera?

   Situación: ______________________

   Ecuación: ______________________

   ____

3. La rueda de Chicago en Paradise Park tiene 10 canastas. En cada canasta caben 3 personas. ¿Cuántas personas pueden montar en la rueda de Chicago al mismo tiempo?

   Situación: ______________________

   Ecuación: ______________________

   ____

4. Dan hizo unas invitaciones de papel rojo, blanco y azul. Cada tarjeta tiene una estrella o un patrón de bandera. ¿Cuántos tipos de invitaciones puede hacer?

   Situación: ______________________

   Ecuación: ______________________

   ____

5. El Sr. Caruso es constructor y siempre construye el mismo tipo de casa. Sólo cambian los materiales. ¿Cuántos tipos diferentes de casa puede construir el Sr. Caruso?

   Situación: ______________________

   Ecuación: ______________________

   ____

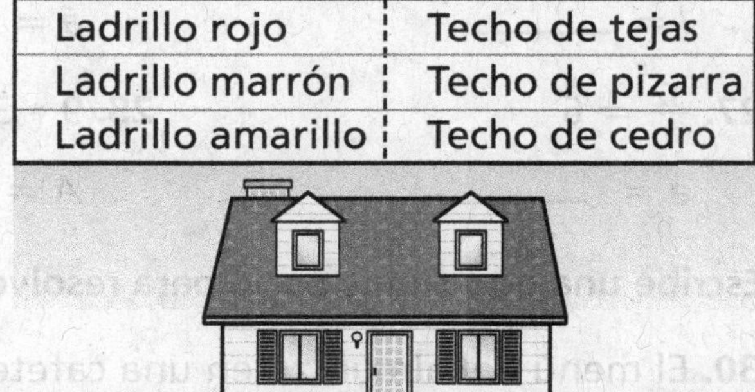

Ladrillo rojo	Techo de tejas
Ladrillo marrón	Techo de pizarra
Ladrillo amarillo	Techo de cedro

Calcula el número que falta en cada ecuación.

6. $a = 6 \times 7$ $a =$ ______

7. $b = 81 \div 9$ $b =$ ______

8. $5 \cdot 8 = c$ $c =$ ______

9. $7e = 21$ $e =$ ______

10. $10f = 50$ $f =$ ______

11. $42 \div 6 = g$ $g =$ ______

12. $72 = 9k$ $k =$ ______

13. $54 = 9p$ $p =$ ______

Practica multiplicaciones y divisiones con tu Objetivo.

Recuerda

Completa.

1. $11 \times$ _____ $= 88$
2. _____ $\div 12 = 1$
3. $6 \times 8 =$ _____
4. _____ $\div 2 = 5$
5. $5 \times$ _____ $= 45$
6. _____ $\div 6 = 9$
7. $2 \times 3 =$ _____
8. _____ $\times 5 = 35$
9. $4 \times$ _____ $= 16$
10. _____ $\div 7 = 7$
11. $20 \div 4 =$ _____
12. $35 \div 7 =$ _____
13. $2 \times$ _____ $= 16$
14. _____ $\div 3 = 9$
15. _____ $\times 4 = 36$
16. _____ $\times 6 = 36$
17. $4 \times$ _____ $= 0$
18. $63 \div 7 =$ _____

Escribe cada cociente.

19. $8\overline{)32}$
20. $7\overline{)14}$
21. $3\overline{)30}$
22. $5\overline{)25}$
23. $9\overline{)81}$

Resuelve la parte desconocida.

24. $18 \div l = 6$

    $l =$ _____

25. $8w = 72$

    $a =$ _____

26. $1 \cdot 10 = A$

    $A =$ _____

27. $\frac{12}{a} = 6$

    $a =$ _____

28. $9 * 3 = A$

    $A =$ _____

29. $\frac{l}{7} = 3$

    $l =$ _____

Escribe una ecuación y úsala para resolver el problema.

30. El menú del almuerzo en una cafetería ofrece la opción de sándwich o ensalada, y cuatro tipos de sopa. Halla el número de combinaciones diferentes de sándwich y ensalada, y una sopa. Explica tu respuesta.

____

____

____

____

____

Haz la tarea

La gráfica de abajo muestra el número de aviones que llegaron hoy al aeropuerto de River City.

Número de aviones que llegaron a River City

Hora	Número de aviones
Mañana	✈ ✈ ✈ ✈ ✈ ✈ ✈ ✈ ✈ ✈
Tarde	✈ ✈

Clave: ✈ = 1 avión

1. Llegaron ______ veces más aviones por la mañana que por la tarde.

2. Por la tarde llegó ______ de los aviones que llegaron por la mañana.

Identifica cada tipo de situación y exprésala en una ecuación. Luego resuelve el problema.

3. Amanda tiene 63 pulseras. Decide repartir las pulseras por igual entre 7 amigas. ¿Cuántas pulseras le dio a cada amiga?

   Situación: ______________________

   Ecuación: ______________________

   ____

4. El Sr. Gordon está sembrando su jardín. Planea hacerlo de 12 pies por 3 pies. ¿Cuántos pies cuadrados tendrá su jardín?

   Situación: ______________________

   Ecuación: ______________________

   ____

Calcula el número desconocido de cada ecuación.

5. $8a = 56$

   $a =$ ______

6. $b = 63 \div 9$

   $b =$ ______

7. $5 \bullet 6 = c$

   $c =$ ______

8. $6d = 54$

   $d =$ ______

9. $49 \div 7 = e$

   $e =$ ______

10. $7f = 63$

    $f =$ ______

11. $5g = 45$

    $g =$ ______

12. $64 = 8h$

    $h =$ ______

13. $36 / 6 = j$

    $j =$ ______

Usa tu Objetivo para practicar multiplicaciones y divisiones.

Nombre ______________________ Fecha ______________

Recuerda

Resuelve la parte desconocida.

1. $7 = 56 \div k$

$k =$ ______

2. $4 = 28 / y$

$y =$ ______

3. $10 \times c = 50$

$c =$ ______

4. $24 = 3r$

$r =$ ______

5. $6q = 54$

$q =$ ______

6. $m / 8 = 6$

$m =$ ______

7. $5 = s \div 9$

$s =$ ______

8. $6 \times 6 = b$

$b =$ ______

9. $40 \div g = 5$

$g =$ ______

Escribe una ecuación y úsala para resolver el problema.

10. Este verano apenas ha llovido $\frac{1}{4}$ de lo que llovió el verano pasado. El verano pasado cayeron 12 pulgadas de lluvia. ¿Cuánto ha llovido este verano?

Ecuación: ______________________

____

11. Clarice tiene $\frac{1}{5}$ de la edad de su mamá y dos veces más la edad de su hermano Jason. La mamá de Clarice tiene 30 años. ¿Cuántos años tiene Jason?

Ecuación: ______________________

____

La siguiente gráfica muestra el número de libros que leyó un estudiante de la clase de la Sra. Jacobsen durante abril y mayo.

Clave: = 2

Completa cada enunciado.

12. En mayo leyó ______ veces más libros que en abril.

13. En abril leyó ______ de los libros que leyó en mayo.

Haz la tarea

Resuelve la parte desconocida.

1. $5 \cdot 6 = a$ $a =$ ______
2. $b = 64 \div 8$ $b =$ ______
3. $c = 7 \times 8$ $c =$ ______
4. $40 \div 5 = d$ $d =$ ______
5. $7e = 49$ $e =$ ______
6. $50 \cdot f = 100$ $f =$ ______
7. $54 \div 9 = g$ $g =$ ______
8. $4h = 28$ $h =$ ______
9. $45 = 5k$ $k =$ ______
10. $6l = 36$ $l =$ ______
11. $9n = 0$ $n =$ ______
12. $72 = 8p$ $p =$ ______

Identifica la situación y escribe una ecuación. Luego, resuelve cada problema.

13. Isabel ganó $42 el mes pasado cortando el césped. Su hermana apenas ganó $\frac{1}{6}$ de esa cantidad. ¿Cuánto dinero ganó la hermana de Isabel?

Situación: ______

Ecuación: ______

______

14. Daniel empacó pantalones negros, marrones y azules en su maleta. También empacó 6 camisetas diferentes. ¿Cuántas combinaciones diferentes puede hacer Daniel?

Situación: ______

Ecuación: ______

______

15. Una bandeja grande contiene 5 pastelillos a lo ancho y 7 pastelillos a lo largo. ¿Cuántos pastelillos caben en la bandeja?

Situación: ______

Ecuación: ______

______

16. La familia Richardson tiene una carpa que cubre 54 pies cuadrados de terreno. Mide 9 pies de largo. ¿Cuánto mide la carpa de ancho?

Situación: ______

Ecuación: ______

______

17. El granjero O´Malley compró hoy herraduras nuevas para todos sus caballos. Compró 36 herraduras. ¿Cuántos caballos tiene el granjero O´Malley?

Situación: ______

Ecuación: ______

______

18. La Srta. Pinckett sembró 8 matas de rosas en su jardín. Sembró 3 veces más plantas de azaleas. ¿Cuántas matas de azaleas sembró?

Situación: ______

Ecuación: ______

______

Practica multiplicaciones y divisiones con tu Objetivo.

Nombre ______________________ **Fecha** ______________

Recuerda

Resuelve la parte desconocida.

1. $x = 42 \div 7$

   $x =$ ______

2. $10 \times y = 50$

   $y =$ ______

3. $5c = 45$

   $c =$ ______

4. $t \times 2 = 0$

   $t =$ ______

5. $n \div 8 = 9$

   $n =$ ______

6. $7 \times 8 = q$

   $q =$ ______

7. $\frac{r}{9} = 7$

   $r =$ ______

8. $\frac{48}{6} = w$

   $w =$ ______

9. $\frac{36}{f} = 4$

   $f =$ ______

10. $4h = 31 - 3$

    $h =$ ______

11. $k = 27 \div 3$

    $k =$ ______

12. $16 - 9 = z$

    $z =$ ______

13. $s \div 6 = 8$

    $s =$ ______

14. $45 \div b = 5$

    $b =$ ______

15. $e = 32 \div 8$

    $e =$ ______

Escribe una ecuación. Luego, úsala para resolver el problema.

16. Un estudiante debe decidir qué ropa vestir y tiene que escoger entre 2 pares de jeans y 5 camisetas. ¿Cuántas combinaciones diferentes de un par de jeans y una camiseta se pueden hacer?

    ____

17. Una sección de un teatro tiene 6 filas de asientos. Cada fila tiene el mismo número de asientos. En total se pueden sentar 54 personas en los asientos. ¿Cuántos asientos hay en cada fila en esa sección del teatro?

    ____

18. El número de entrenadores de básquetbol en un campeonato es $\frac{1}{7}$ del número de jugadores que hay. ¿Cuántos entrenadores hay en la escuela si el campeonato tiene 63 jugadores?

    ____

19. En una presentación de patinaje sobre hielo, $\frac{1}{3}$ de los patinadores hicieron el salto triple. Si el total de patinadores era de 18, ¿cuántos no hicieron el salto triple?

    ____

Haz la tarea

1. Escribe los dos números que siguen en esta secuencia:
   9 18 27 36 45 ______ ______

2. ¿Si multiplicas 67×67, la respuesta será par o impar?
   ______ ¿Cómo lo sabes? ______________________

3. Si 35×25 es 875, ¿cuánto es $875 \div 25$? ______

4. ¿Cuánto es n en esta ecuación? $18 \times 3 = 9 \times n$ ______

5. ¿Cuánto es n en esta ecuación? $7 \times 6 = 5 \times 6 + n \times 6$ ______

6. Si una persona cuenta de 3 en 3 hasta 60 y otra persona cuenta de 6 en 6 hasta 60, ¿algunos de esos números serán los mismos? Explica.

   ____

   ____

   ____

7. Completa la tabla de multiplicación de números desordenados.

×										
	20					70				
	14			63	21	49		28		35
			80				64		48	
				81	27				54	
	8				12	28				20
		1		9						
					9			12	18	
			60		18	42			36	
		5		45			40			
			20	18				8		10

Resuelve.

8. En el concurso de perros había 56 labradores. Sólo había $\frac{1}{8}$ de esa cantidad de pastores. ¿Cuántos pastores había en el concurso?

   ____

9. Una pista pequeña tiene 9 filas de gradas. En cada fila caben 8 personas. ¿Cuántas personas caben en las gradas?

   ____

Recuerda

Completa la tabla de operaciones de multiplicación desordenadas.

1.

×										
	12						36			
				56						64
		36						30		
	6				20				4	
		30					45			
				21	30			15		
	27					36				72
			10			40			20	
					10				2	
	21		7							

Escribe una ecuación. Luego resuelve el problema.

2. El cumpleaños de Zachary es dentro de 9 semanas a partir de hoy. ¿Dentro de cuántos días estará celebrando Zachary su cumpleaños?

3. Un autobús escolar puede transportar 40 pasajeros sentados en filas de 4. ¿Cuántas filas de asientos hay en el autobús?

4. Un juego de mesa tiene la forma de una matriz cuadrada y está formado de 36 cuadrados. ¿Cuántas filas y cuántas columnas tiene la matriz?

5. En una clase de quinto grado hay 5 niñas por cada 4 niños. En total, la clase tiene 27 estudiantes. ¿Cuántos niños hay en la clase?

6. Escribe en una hoja de papel aparte un problema de grupos iguales y uno de área. Haz que uno sea un problema de división.

Nombre ______________________ Fecha ______________

Haz la tarea

Para cada tabla, escribe la regla y completa la tabla. Luego, escribe una ecuación.

1.

Regla:	
Entrada	**Salida**
0	
4	2
8	
12	6
16	

Ecuación: ____________

2.

Regla:	
Entrada	**Salida**
6	1
9	
11	
14	9
8	

Ecuación: ____________

En cada tabla, escribe una regla en palabras y una ecuación con dos variables. Luego, completa la tabla.

3.

Regla en palabras					
Ecuación					
Horas (*h*)	1		3		5
Distancia en millas (*d*)	4	8		16	20

4.

Regla en palabras					
Ecuación					
Número de insectos (*i*)		2	3	4	5
Número de patas (*p*)	6	12	18		

5.

Regla en palabras							
Ecuación							
Número de árboles (*a*)	1	2	3	5	8		10
Número de rosales (*r*)	4	8			32	36	

6.

Regla en palabras						
Ecuación						
Edad de Sue (*s*)	5	10	14	17		27
Edad de Ted (*t*)	3	8			17	25

Recuerda

Resuelve el número desconocido.

1. $q = \frac{56}{8}$ $q =$ ______
2. $5 = \frac{20}{r}$ $r =$ ______
3. $\frac{v}{9} = 8$ $v =$ ______
4. $6c = 36$ $c =$ ______
5. $9s = 63$ $s =$ ______
6. $45 = a \times 5$ $a =$ ______
7. $2g = 8$ $g =$ ______
8. $n = 49 \div 7$ $n =$ ______
9. $9 \times 8 = u$ $u =$ ______

Resuelve.

10. $8 \times 0 =$ ______
11. $1 \times 12 =$ ______
12. $9 \times 1 =$ ______
13. $0 \div 6 =$ ______
14. $1 \times 19 =$ ______
15. $0 \div 45 =$ ______
16. $64 \times 1 =$ ______
17. $0 \times 82 =$ ______
18. $0 \div 27 =$ ______

Identifica el tipo de situación y escribe una ecuación. Luego resuelve el problema.

19. Cada fila de un gabinete tiene 4 envases. En total, el gabinete tiene 24 envases. ¿Cuántas filas de envases hay en el gabinete?

Situación: ______

Ecuación: ______

______

20. Marco tiene 8 camisetas rojas y $\frac{1}{4}$ de ese número de camisetas azules. ¿Cuántas camisetas azules tiene Marco?

Situación: ______

Ecuación: ______

______

Resuelve.

21. En este invierno cayeron 36 pulgadas de nieve. El invierno pasado apenas cayó $\frac{1}{3}$ de esa cantidad de nieve. ¿Cuántas pulgadas de nieve más cayeron este invierno que el inverno pasado?

______

22. En una clase de 18 estudiantes de la Escuela Woodworth hay $\frac{1}{2}$ de niñas con respecto al número de niños. ¿Cuántas niñas hay en la clase?

______

 Nombre ______________________ Fecha ______________

Haz la tarea

Halla el número desconocido en cada ecuación.

1. $p = 3 + (4 \times 5)$ ________
2. $4t + 1 = 25$ ________
3. $5 \times (6 + 3) = m$ ________
4. $6r - 3 = 15$ ________
5. $(12 - 8) \times 7 = b$ ________
6. $n = 16 - (3 \times 4)$ ________
7. $9s = 17 + 1$ ________
8. $5 + (8 \times 6) = c$ ________
9. $7d + 5 = 26$ ________
10. $(6 \times 5) - (4 \times 5) = h$ ________

Escribe una ecuación. Luego, resuelve el problema. *Muestra tu trabajo.*

1. El señor Corelli horneó una bandeja de galletas de 5 galletas a lo ancho y 7 galletas a lo largo. La clase del Sr. Corelli tiene 38 estudiantes. ¿Cuántas galletas más necesita si a cada estudiante le corresponde una galleta?

   Ecuación: ______________________

   ____

2. Leah compró 2 cajas de galletas. Se comió 3 galletas y vio que le quedaron 21 galletas. ¿Cuántas galletas había en cada caja?

   Ecuación: ______________________

   ____

3. Arturo hizo 3 castillos de arena con 6 torres en cada castillo. Paco hizo 5 castillos de arena con 4 torres en cada castillo. ¿Quién hizo más torres? ¿Cuántas más?

   Ecuación ______________________

   ____

4. Ashley tiene 35 dólares. Quiere comprar 4 bolsas de cacahuates a 2 dólares cada una. ¿Cuánto dinero le sobrará?

   Ecuación ______________________

   ____

Recuerda

Escribe una ecuación. Luego resuelve el problema. *Muestra tu trabajo.*

1. El césped de los Parker mide 10 yardas de largo por 9 yardas de ancho. Ellos quieren construir un patio que mida 4 yardas por 5 yardas. ¿Cuántas yardas cuadradas de césped les quedarán a los Parker cuando hayan terminado el patio?

Ecuación: ____________________

____

2. Sarah duerme 10 horas todas las noches. Julio sólo duerme 8 horas todas las noches. ¿Cuánto tiempo más a la semana duerme Sarah que Julio?

Ecuación: ____________________

____

Completa la siguiente tabla de operaciones de multiplicación desordenadas.

×										
	49	7	70	14	28		56	21	35	
	70	10		20	40	60	80		50	90
		1	10	2	4	6	8	3		9
		6	60		24	36	48	18	30	54
	14	2	20	4		12	16	6	10	18
	56		80	16	32	48		24	40	72
	21	3	30		12	18	24	9		27
	28		40	8	16	24	32		20	36
	63	9		18		54		27	45	81
		5	50	10	20	30	40	15	25	

 Nombre ______ Fecha ______

Haz la tarea

Resuelve cada problema. *Muestra tu trabajo.*

1. Michael tiene 21 camisetas. Un tercio son azules. ¿Cuántas de las camisetas de Michael son azules?

______

2. Un departamento de empaque de regalos tiene 4 colores de cintas, 2 tipos de moños y 7 tipos de papel para envolver. ¿Cuántos estilos diferentes de empaque son posibles?

______

3. Anne Marie ha ahorrado 9 dólares para comprar un abrigo. Eso es $\frac{1}{6}$ del dinero que necesita. ¿Cuánto cuesta el abrigo?

______

4. El año pasado llovió 63 días en Mudville, Texas. En Mudville llovió 7 veces más que en Desert Hills. ¿Cuántos días llovió el año pasado en Desert Hills?

______

5. La Srta. Ricardo hace carritos de juguete para vender en las ferias de artesanías. Tiene 8 colores de pintura, 5 estilos de carrocería y 2 tipos de ruedas. ¿Cuántos tipos diferentes de carros puede hacer?

______

6. En un concierto de música country, 48 personas tocaron guitarra. Ese número es 6 veces más que el número de personas que tocaron el banjo. ¿Cuántas personas tocaron el banjo en el concierto?

______

7. Quedan 8 manzanas sobre la mesa. El número de manzanas es $\frac{1}{4}$ del número de bananas que hay sobre la mesa. ¿Cuántas bananas hay?

______

1–7 **Nombre** ______________________ **Fecha** ______________

Recuerda

Usa la pictografía y la clave para resolver.

Bob, Reza y Yoghi corren alrededor de la pista todos los días después de la escuela. Esta pictografía muestra el número de vueltas que corrieron la semana pasada.

Bob	
Reza	
Yoshi	

Clave: = 8 vueltas

1. ¿Cuántas vueltas corrió Reza la semana pasada? ______________________

2. ¿Cuántas vueltas más corrió Bob que Yosi? ______________________

3. ¿Cuántas vueltas más o cuántas menos que Reza corrieron juntos Bob y Yosi?

____

4. Yoshi corrió el mismo número de vueltas todos los días, excepto el viernes, cuando corrió 12 vueltas. ¿Cuántas vueltas corrió el miércoles?

____

Completa la siguiente tabla de operaciones de multiplicación desordenadas.

5.

×										
	18						21			
			30						90	
					20			2		
						56				28
				20				4		
		16				64			72	
				30			42			
			3							4
		18					63			
	30				50					

Haz la tarea

Resuelve cada problema. Rotula tu respuesta.

1. Raquel tiene 4 veces más marcadores que Polly. Raquel tiene 36 marcadores. ¿Cuántos marcadores tiene Polly?

   ____

2. Sean vendió 63 globos en la feria. Eso es 7 veces más de los que vendió Óscar. ¿Cuántos globos vendió Óscar?

   ____

3. Ramón anotó 72 puntos en los partidos de básquetbol de este año. Su amigo Paco anotó $\frac{1}{8}$ de los puntos que anotó Ramón. ¿Cuántos puntos anotó Paco?

   ____

4. Chris tiene 6 cortadores diferentes de galletas, 4 tipos de glaseado y 2 tipos de espolvoreado. ¿Cuántos tipos diferentes de galletas puede hacer?

   ____

5. Meg y Kart están construyendo una casa en un árbol. Tienen 3 tipos de materiales para el techo, 4 colores de pintura y 2 puertas de donde escoger. ¿De cuántas maneras diferentes pueden construir su casa en el árbol?

   ____

6. El jardín de la Sra. Grant es un cuadrado que mide 5 yardas por cada lado. El jardín de la Sra. Diego es un cuadrado que mide 10 yardas por cada lado. ¿Cuántas veces más grande es el jardín de la Sra. Diego que el jardín de la Sra. Grant?

   ____

Resuelve cada rompecabezas de factores.

7.

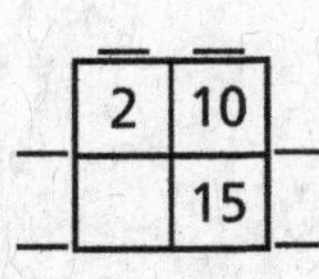

2	10
	15

8.

	27
35	45

9.

	7
25	35

10.

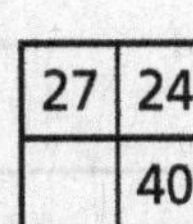

27	24
	40

11.

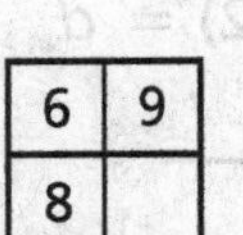

6	9
8	

12.

15	
9	6

13.

12	
24	32

14.

25	50
	30

15. En una hoja aparte, escribe un rompecabezas de factores para que lo resuelvan tus compañeros de clase. Puedes usar una tabla de multiplicación.

Recuerda

Completa.

1. Escribe los dos números que siguen: 9, 18, 27, _______, _______
2. ¿Si multiplicas 51×51 obtendrás una respuesta par o impar? _______ ¿Cómo lo sabes? _______________
3. ¿Si $52 \times 38 = 1{,}976$, entonces cuánto es $1{,}976 \div 38$? _______
4. ¿Cuánto es b en esta ecuación? $15 \times 7 = 21 \times b$ _______
5. ¿Cuánto es b en esta ecuación? $5 \times 6 = 5 \times 4 + 5 \times b$ _______
6. Si una persona cuenta de cuatro en cuatro hasta 80 y otra persona cuenta de 8 en 8 hasta 80, ¿algunos de esos números serán los mismos? Explica cuáles.

____

____

____

7. ¿Cuál son las dos respuestas incorrectas? ¿Cómo lo sabes?

   a. $18 \times 17 = 305$ b. $21 \times 21 = 441$ c. $32 \times 48 = 1{,}535$

____

____

____

____

____

Halla el número desconocido de cada ecuación.

8. $8a = 48$	9. $5b + 1 = 46$	10. $3 \times (6 + 2) = d$
$a =$ _______	$b =$ _______	$d =$ _______
11. $7e - 2 = 47$	12. $\frac{1}{3}g = 8$	13. $16 + h = 24$
$e =$ _______	$g =$ _______	$h =$ _______

Haz la tarea

Resuelve.

Muestra tu trabajo.

1. Una compañía de frutas ofrece dos tipos de cajas de naranjas: la caja Rubí y la caja Esmeralda. La caja Rubí tiene 8 filas y 6 columnas de naranjas. La caja Esmeralda tiene 7 filas y 7 columnas de naranjas. ¿Qué caja tiene más naranjas? ¿Cuántas más?

____

2. Gus vio 18 halcones durante la excursión. Vio 6 veces más halcones que búhos. ¿Cuántos búhos vio Gus?

____

3. Melissa recogió tres tipos de hojas de otoño cuando salió hoy a caminar: olmo, arce y roble. Recogió 2 veces más hojas de arce que de olmo y 5 veces más hojas de roble que de olmo. En total, recogió 32 hojas. ¿Cuántas hojas tiene de cada tipo?

____

4. Todos en la fiesta de Luke tienen 2 globos, excepto Ashley porque uno de sus globos se reventó. Hay 17 globos en la fiesta. ¿Cuántas personas hay en la fiesta?

____

5. Patty compró 5 harmónicas por 3 dólares cada una y 4 pitos por 3 dólares cada uno. ¿Cuánto dinero gastó Patty?

____

Halla el número desconocido de cada ecuación. Como ayuda, puedes poner un 1 adelante de los números desconocidos que aparezcan solos.

6. $c + 3c = 32$ ______________________________

7. $6d - 3d + 2d = 35$ ______________________________

8. $5a - a - 2a = 18$ ______________________________

Recuerda

Halla el número desconocido de cada una de las siguientes ecuaciones.

1. $6h + 3h = 63$

   $h =$ ______

2. $5(4 \times 2) = g$

   $g =$ ______

3. $l = (2 \times 8) - (3 \times 2)$

   $l =$ ______

4. $m + 3m = 28$

   $m =$ ______

5. $56 \div r = 8$

   $r =$ ______

6. $\frac{1}{8}b = 6$

   $b =$ ______

7. $s = 9(7 - 2)$

   $s =$ ______

8. $4d + d = 45$

   $d =$ ______

9. $8w - 4w = 20$

   $w =$ ______

Escribe *par* o *impar*.

10. El producto de dos números pares es un número ______.

11. El producto de un número impar y un número par es un número ______.

12. El producto de dos números impares es un número ______.

Escribe una ecuación y úsala para resolver el problema.

13. Un rectángulo tiene un área de 48 cm² y un largo de 16 cm. ¿Cuál es el ancho del rectángulo?

    ____

14. Un rectángulo tiene un ancho de 10 pulgadas y un área de 5 pulg². ¿Cuál es el largo del rectángulo?

    ____

Resuelve. Explica tu respuesta.

15. Una coleccionista de estampillas está organizando 100 estampillas en filas que tienen el mismo número de estampillas cada una. ¿De cuántas maneras diferentes puede organizar las estampillas si quiere que haya más de dos filas pero menos de 10?

    ____

    ____

    ____

    ____

 Nombre ______ Fecha ______

Haz la tarea

Usa la propiedad conmutativa para despejar *n* en estas ecuaciones.

1. $45 \times 7 = 7 \times n$ $n =$ ______
2. $n \times 8 = 8 \times 29$ $n =$ ______
3. $36 \times n = 9 \times 36$ $n =$ ______

Usa la propiedad asociativa para resolver cada problema.

4. $(9 \times 3) \times 3 =$ ______
5. $2 \times (5 \times 7) =$ ______
6. $(8 \times 4) \times 2 =$ ______

Usa la propiedad distributiva sólo con dos factores para escribir cada problema. Luego, resuelve los problemas.

7. $(7 \times 3) + (7 \times 5) =$ ______
8. $(3 \times 9) + (4 \times 9) =$ ______
9. $(8 \times 5) + (8 \times 4) =$ ______
10. $(2 \times 6) + (8 \times 6) =$ ______

Resuelve.

11. Para el Festival de Otoño, la Sra. Marco compró 6 bolsas de manzanas. Regaló 43 manzanas y le quedaron 5. ¿Cuántas manzanas había en cada bolsa?

______

12. Las cajas de jugo se venden en paquetes de 6. Tony llevó 5 paquetes de cajas de jugo a una fiesta y Víctor llevó 4 paquetes. ¿Cuántas cajas de jugo en total llevaron a la fiesta?

______

13. Todos los estudiantes en la clase de la Sra. Bowman tienen 8 frascos de pintura, excepto Jerome que tiene 10. En el salón hay 74 frascos de pintura. ¿Cuántos estudiantes hay en la clase de la Sra. Bowman?

______

______

14. Lisa tiene que hacer 2 veces más sándwiches de atún que de queso, y 4 veces más sándwiches de jamón que sándwiches de queso. Si Lisa hace 56 sándwiches, ¿cuántos de cada uno de los tres tipos de sándwiches hará?

______

______

Recuerda

Halla el número desconocido en cada ecuación.

1. $4h + 5h = 63$

   $h =$ ______

2. $4(2 \times 5) = g$

   $g =$ ______

3. $4 \times (5 + 1) = i$

   $i =$ ______

4. $l = (2 \times 6) - (4 \times 2)$

   $l =$ ______

5. $m + 4m = 25$

   $m =$ ______

6. $(48 \div 8) - 3 = p$

   $p =$ ______

7. $72 \div r = 8$

   $r =$ ______

8. $\frac{1}{8}b = 5$

   $b =$ ______

9. $k = (3 \times 9) - (5 \times 0)$

   $k =$ ______

10. $s = 8(9 - 2)$

    $s =$ ______

11. $6d + d = 42$

    $d =$ ______

12. $r = 17 + (6 \times 5)$

    $r =$ ______

Completa cada rompecabezas de factores.

13.

	___	___
___		6
___	8	16

14.

	___	___
___	4	
___	5	15

En cada tabla de funciones, escribe la regla en palabras y como ecuación. Luego, completa la tabla.

15.

Regla en palabras							
Ecuación							
Número de personas (p)	1	2		4		6	7
Número de pies (f)	2		6	8	10	12	

16.

Regla en palabras							
Ecuación							
Número de ojos (o)	0		3	5	6		10
Número de patas (p)		6	9	15		24	30

Haz la tarea

1. Conexiones.

Jill conoce cuatro de sus cinco puntajes de juego:

8, 6, 6, 3

Su promedio de puntaje para los cinco juegos es de 6 puntos. ¿Cuál es su puntaje en el quinto juego? Escribe una ecuación que te sirva para resolver el problema.

2. Representación.

Tyler está mirando un mapa. Quiere detenerse en tres pueblos en la carretera 57. El Pueblo A está a 15 millas del Pueblo B. El Pueblo A está a 26 millas del Pueblo C. El Pueblo B está entre los Pueblos A y C. ¿Cuántas millas hay entre los Pueblos B y C? Haz un dibujo para apoyar tu respuesta.

3. Comunicación.

Los estudiantes están vendiendo boletos para la feria de la escuela. Todos los boletos cuestan la misma cantidad. Carly vendió 3 boletos por un total de $9. Karen vendió 6 boletos por un total de $18. Brendan vendió 4 boletos por un total de $12. Usa una tabla de funciones para hallar el precio de cada boleto y el costo total de 9 boletos. Muestra la regla y la ecuación que usaste para hallar los costos.

4. Razonamiento y prueba.

Lilly escribió la siguiente ecuación para probar la propiedad conmutativa.

$(2 + 3) + (3 + 4) = (3 + 4) + (2 + 3)$

¿Demuestra su ecuación la propiedad conmutativa? Explica sí o no.

 Nombre ______ **Fecha** ______

Recuerda

Halla el número desconocido en cada ecuación.

1. $25 - (3 + 6) + (2 \times 4) = c$ $c =$ ______
2. $5a - 3a = 18$ $a =$ ______
3. $g = 7(10 - 3)$ $g =$ ______
4. $63 \div (26 - 19) = w$ $w =$ ______
5. $6 + y = 17$ $y =$ ______
6. $4 = \frac{1}{2}v$ $v =$ ______
7. $27 = 8k + k$ $k =$ ______
8. $9(4 + 5) = e$ $e =$ ______
9. $5q = 35$ $q =$ ______
10. $m = 11 + (3 \times 8) - (4 \times 6)$ $m =$ ______
11. $12r - 4r = 48$ $r =$ ______
12. $\frac{1}{6}h = 9$ $h =$ ______

Resuelve. Muestra tu trabajo.

13. Sabes que $8 \times 9 = 72$. ¿Cómo puedes usar esto para hallar el producto de 8×8? ______

14. El lunes Hugo leyó 4 páginas. El martes leyó tres veces más páginas que el lunes. El miércoles leyó dos veces más el número de páginas que el lunes. ¿Cuántas páginas leyó Hugo en total durante esos tres días?

______

15. Carmen compró 3 cajas de lápices. Cada caja contiene el mismo número de lápices. Ella usó 5 lápices y le sobraron 7. ¿Cuántos lápices había en cada caja?

______

16. Belle compró unos paquetes de cuentas para su proyecto. Ben compró dos veces la cantidad de paquetes que compró Belle. Micalla compró tres veces el número de paquetes que compró Belle. Todos juntos compraron 24 paquetes de cuentas. ¿Cuántos paquetes compró cada persona?

______

______

17. Kari tiene 10 años de edad. Su hermana tiene la mitad de los años que tiene Kari. Explica por qué puedes usar $10 \times \frac{1}{2}$ para hallar la edad de su hermana.

______

______

2–1 Nombre Fecha

Haz la tarea

1. ¿Cuántos decímetros tiene 1 metro? ______
2. ¿Cuántos decímetros cuadrados hay en 1 metro cuadrado? ______
3. ¿Cuántos centímetros tiene 1 metro? ______
4. ¿Cuántos centímetros cuadrados hay en 1 metro cuadrado? ______
5. ¿Cuántos milímetros tiene 1 metro? ______
6. ¿Cuántos milímetros cuadrados hay en 1 metro cuadrado? ______

Halla el área de cada rectángulo. Muestra tu trabajo.

7. 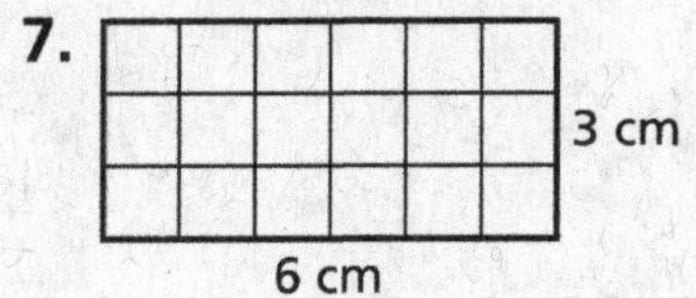

8. 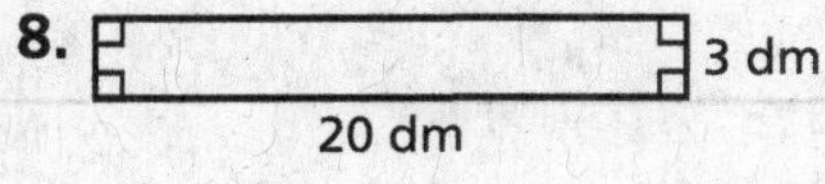

9. 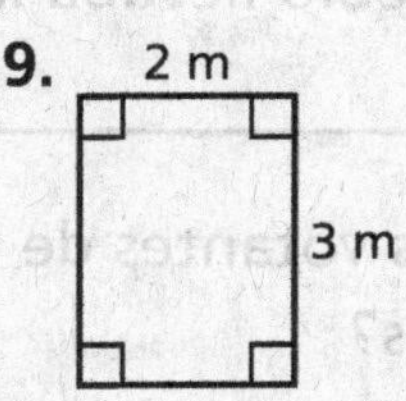

______ ______ ______

______ ______ ______

10. Jason está embaldosando un patio. Las baldosas miden 1 decímetro cuadrado. El patio mide 6 metros de largo por 4 metros de ancho. ¿Cuántas baldosas necesita Jason?

______

¿Qué unidad métrica usarías para hallar cada una de las siguientes?

11. el área de un gimnasio ______
12. la longitud de un lápiz ______
13. el área de una puerta ______
14. la longitud de una pestaña ______
15. el área de la portada de un libro ______
16. el área de un garaje ______

 Nombre ____________________ Fecha ____________

Recuerda

Los pueblos de Marville y Geotown compitieron para ver quién inscribía más votantes nuevos. La pictografía muestra los resultados día a día.

Marville el viernes	
Geotown el viernes	
Marville el sábado	
Geotown el sábado	
Marville el domingo	
Geotown el domingo	

Clave: = 8 nuevos votantes

Usa la pictografía y la clave para resolver.

1. ¿Qué pueblo llevaba la delantera el viernes?

____

2. ¿Cuántos votantes de ventaja llevaba ese pueblo el viernes?

____

3. ¿Cuántos nuevos votantes más que se inscribieron el domingo en Marville que en Geotown?

____

Resuelve los siguientes problemas. Haz un dibujo si te sirve de ayuda.

Muestra tu trabajo.

4. Ramón sembró 3 filas de semillas. Puso 8 semillas en cada fila. Cada fila de semillas medía 42 pulgadas de longitud. ¿A qué distancia una de otra sembró Ramón las semillas?

____

5. Los ramos de 6 rosas costaban $8. Anita pagó $40 por las rosas. ¿Cuántas rosas compró?

____

6. La Sra. Goldfarb tiene 12 cuentas azul turquesa y 3 veces más cuentas color ámbar. Ella está haciendo 8 prendedores con el mismo número de cuentas en cada prendedor. ¿Cuántas cuentas habrá en cada prendedor?

____

Nombre ______________________ Fecha ______________________

Haz la tarea

Halla el perímetro y el área de cada rectángulo.

1.

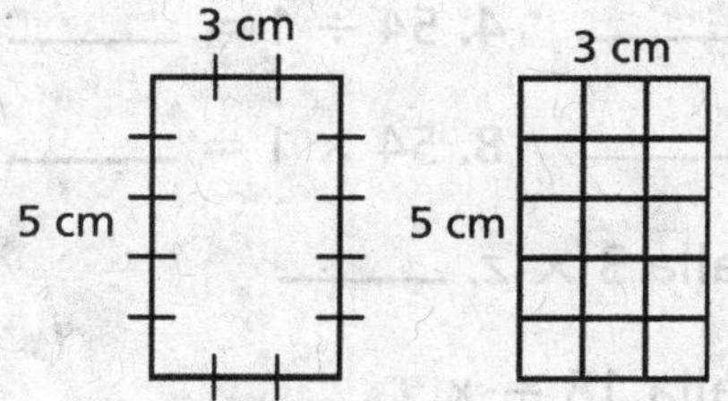

$P =$ ______________________

$A =$ ______________________

2.

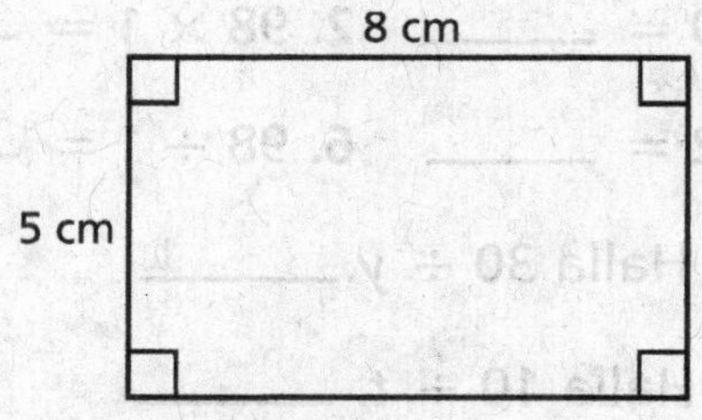

$P =$ ______________________

$A =$ ______________________

3.

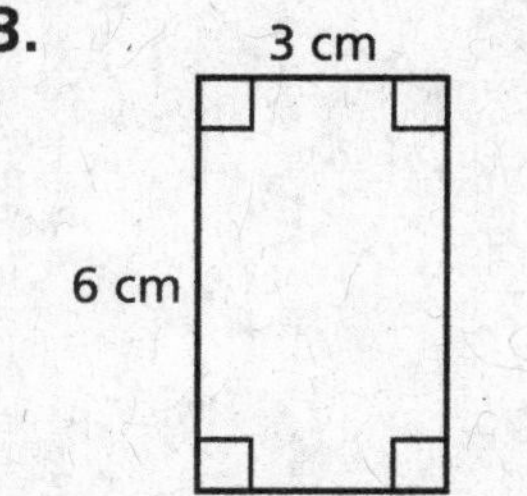

$P =$ ______________________

$A =$ ______________________

4.

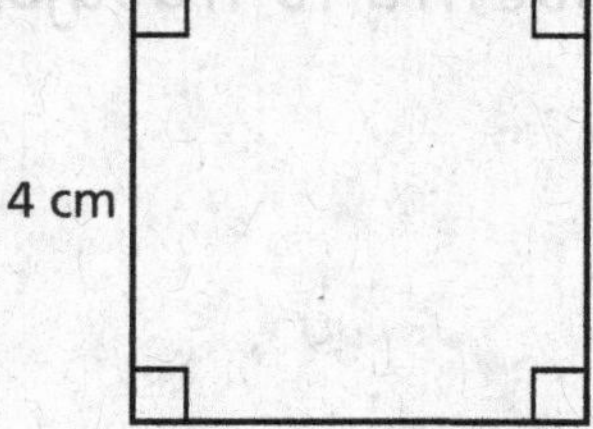

$P =$ ______________________

$A =$ ______________________

5.

4 cm

$P =$ ______________________

$A =$ ______________________

Resuelve cada problema.

6. Kaya está empapelando una pared de su cuarto. La pared mide 10 pies de largo y 8 pies de alto. ¿Cuántos pies cuadrados de papel necesita Kaya? ______________________

7. El cuarto de Kaya mide 12 pies de largo por 10 pies de ancho. Ella quiere colocar un borde en la parte de arriba de las paredes. ¿Cuántos pies de borde necesita? ______________________

Nombre ______ Fecha ______

Recuerda

Resuelve.

1. $18 \times 0 =$ ______
2. $98 \times 1 =$ ______
3. $0 \div 85 =$ ______
4. $54 \div 1 =$ ______
5. $0 \div 22 =$ ______
6. $98 \div 1 =$ ______
7. $0 \times 14 =$ ______
8. $54 \times 1 =$ ______
9. $y = 5$. Halla $30 \div y$. ______
10. $z = 7$. Halla $3 \times z$. ______
11. $t = 2$. Halla $10 \div t$. ______
12. $x = 6$. Halla $18 \div x$. ______
13. $s = 11$. Halla $5 \times s$. ______
14. $u = 8$. Halla $6 \times u$. ______
15. ¿Si $h = 12$ y $t = 36$, cuánto es $t \div h$? ______
16. ¿Si $a = 4$ y $s = 10$, cuánto es $a \times s$? ______
17. ¿Si $v = 9$ y $m = 8$, cuánto es $v \times m$? ______
18. ¿Si $u = 77$ y $d = 7$, cuánto es $u \div d$? ______
19. ¿Si $s = 20$ y $t = 4$, cuánto es $s \div t$? ______
20. ¿Si $m = 12$ y $p = 5$, cuánto es $m \times p$? ______

Resuelve los siguientes problemas. *Muestra tu trabajo.*

21. Simón compró 4 paquetes de tarjetas para un día festivo. Cada paquete costó \$6. ¿Cuánto dinero gastó?

______

22. Los paquetes de Simón contenían en total 36 tarjetas. ¿Cuántas tarjetas había en cada paquete?

______

23. Cada paquete tenía 3 diseños diferentes de tarjetas. ¿Cuántas tarjetas de cada diseño compró Simón?

______

______

Recuerda usar tus Tarjetas de objetivo y de división para practicar.

Haz la tarea

1. Mira los paralelogramos. Dos de ellos tienen la misma área. ¿Cuáles son? Muestra tu trabajo.

A
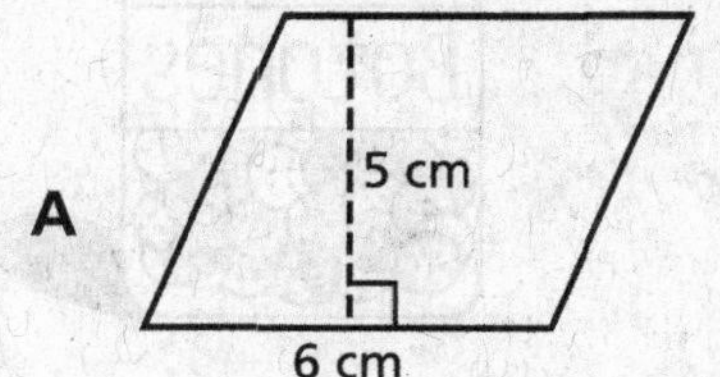

B
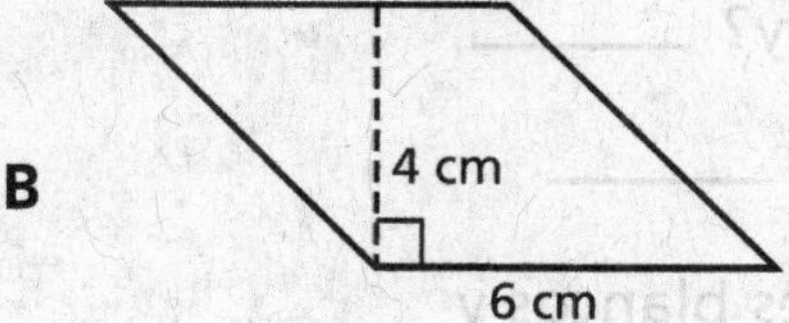

C
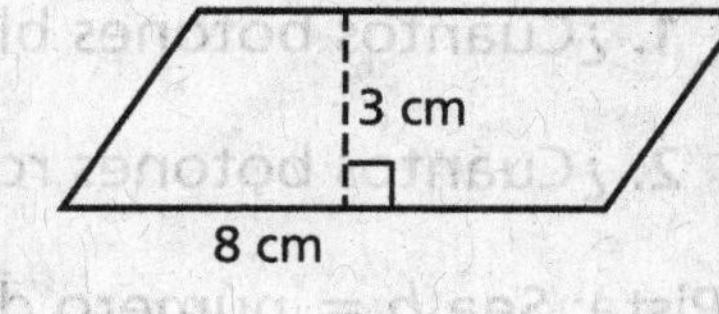

2. Mira los triángulos rectángulos. Dos de ellos tienen la misma área. ¿Cuáles son? Muestra tu trabajo.

E
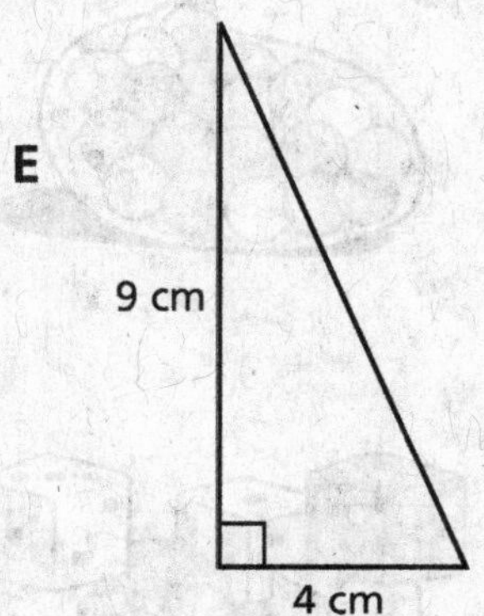

F

5 cm

8 cm

G
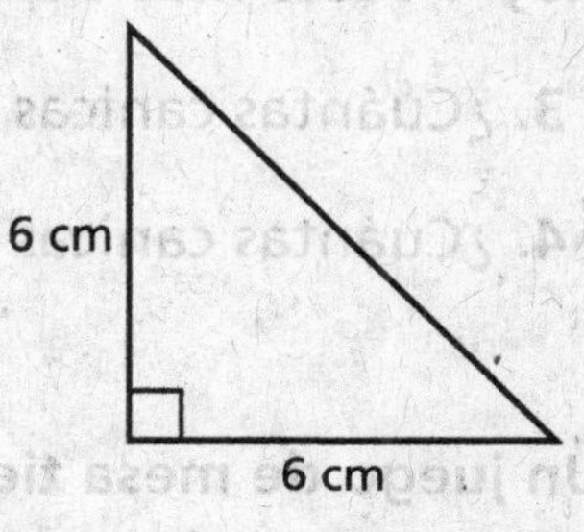

3. En cada triángulo rectángulo, dibuja el rectángulo que se forma al dibujar los lados opuestos de los dos lados más cortos de cada triángulo. Halla el área de cada rectángulo.

4. ¿Cómo se relaciona el área de cada rectángulo con el área de cualquiera de los dos triángulos rectángulos que lo forman?

____

Nombre ____________________ Fecha ____________________

Recuerda

Hay 36 botones en un frasco. Hay 3 veces más botones rojos que botones blancos.

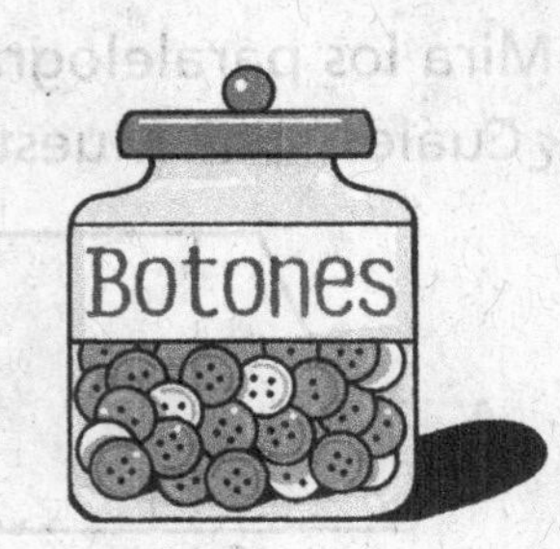

1. ¿Cuántos botones blancos hay? ______

2. ¿Cuántos botones rojos hay? ______

Pista: Sea b = número de botones blancos y sea $3b$ el número de botones rojos.

Hay 40 canicas amarillas y azules en una bolsa. Hay 4 veces más canicas azules que amarillas.

3. ¿Cuántas canicas amarillas hay? ______

4. ¿Cuántas canicas azules hay? ______

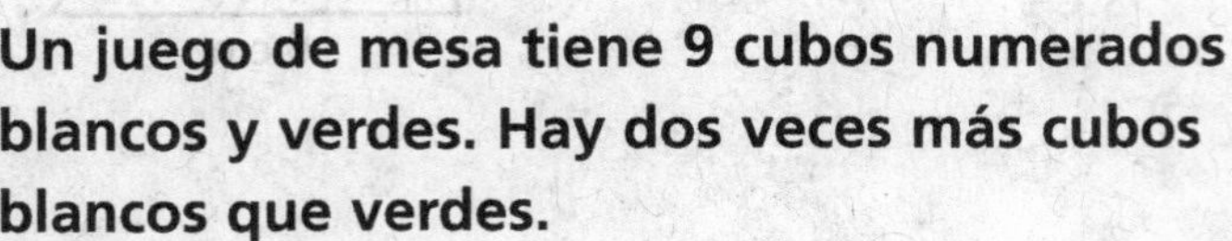

Un juego de mesa tiene 9 cubos numerados blancos y verdes. Hay dos veces más cubos blancos que verdes.

5. ¿Cuántos cubos verdes hay? ______

6. ¿Cuántos cubos blancos hay? ______

Hay 30 lazos en una bolsa. Hay 5 veces más lazos pequeños que grandes.

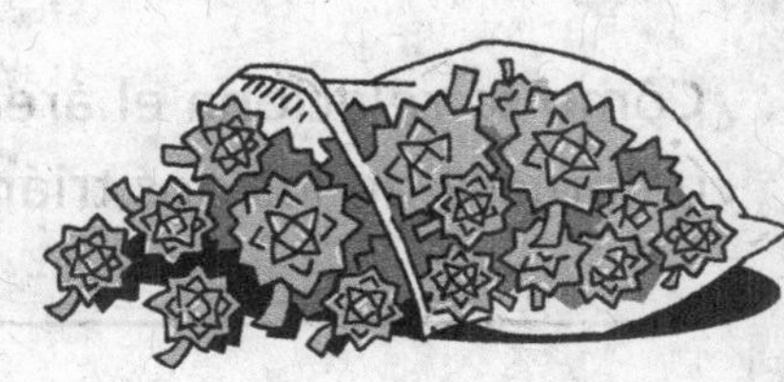

7. ¿Cuántos lazos grandes hay? ______

8. ¿Cuántos lazos pequeños hay? ______

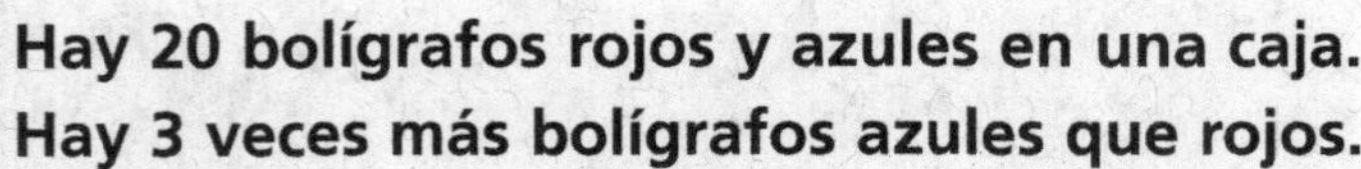

Hay 20 bolígrafos rojos y azules en una caja. Hay 3 veces más bolígrafos azules que rojos.

9. ¿Cuántos bolígrafos rojos hay? ______

10. ¿Cuántos bolígrafos azules hay? ______

Haz la tarea

Halla el área de cada triángulo.

1.

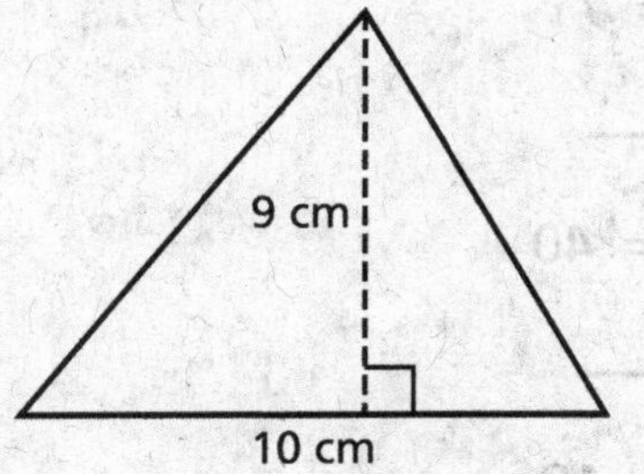

2.

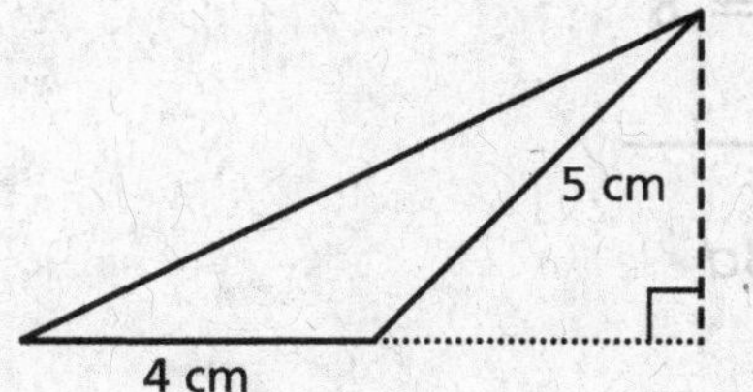

3.

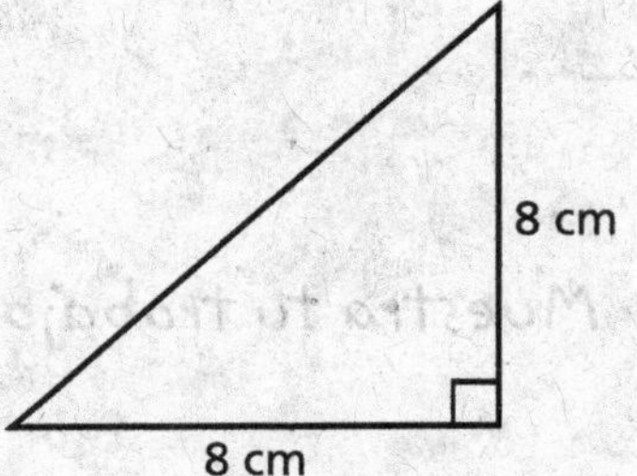

4.

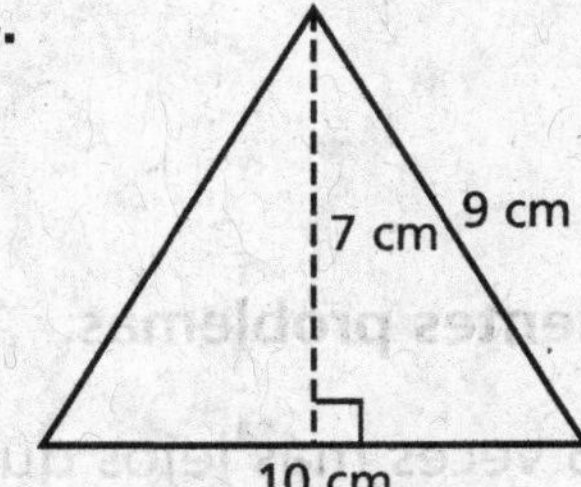

5.

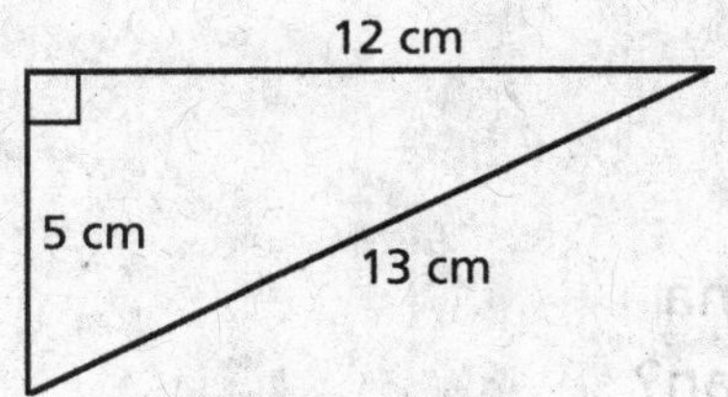

6.

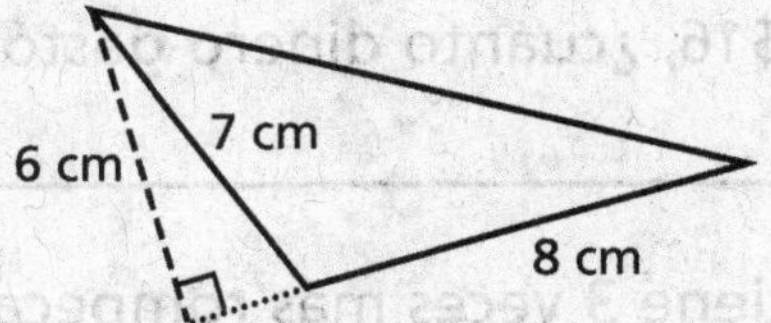

Nombre ______ Fecha ______

Recuerda

Halla el número desconocido.

1. $k \div 7 = 8$

   $k =$ ______

2. $63 \div s = 7$

   $s =$ ______

3. $21 = 3d$

   $d =$ ______

4. $32 + p = 40$

   $p =$ ______

5. $z = (8 \times 8) + (2 \times 5)$

   $z =$ ______

6. $4c + 2 = 18$

   $c =$ ______

7. $t = 7 \times (6 + 3)$

   $t =$ ______

8. $12 - (10 - 3) = w$

   $w =$ ______

Resuelve los siguientes problemas. *Muestra tu trabajo.*

9. Julie caminó 6 veces más lejos que Sylvia. Si Sylvia caminó 5 km, ¿qué distancia caminó Julie?

   ______

10. Andrew gastó la mitad de dinero que gastó Justin. Si Justin gastó $16, ¿cuánto dinero gastó Andrew?

    ______

11. Brian tiene 3 veces más rompecabezas que Jenna. Si Jenna tiene 4 rompecabezas, ¿cuántos rompecabezas tiene Brian?

    ______

12. Emilio tiene 3 veces más monedas que Anna. Si Emilio tiene 27 monedas, ¿cuántas monedas tiene Anna?

    ______

 Nombre ______________ Fecha ______________

Haz la tarea

Halla el perímetro y el área.

1.

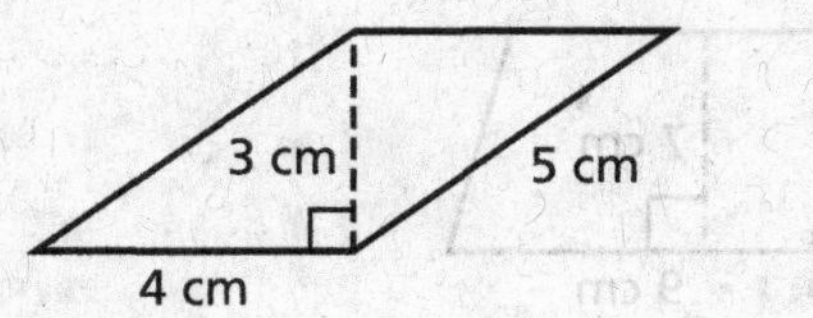

P = ______________

A = ______________

2.

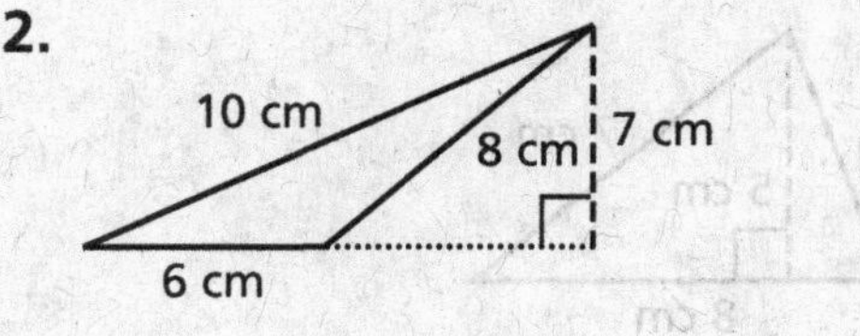

P = ______________

A = ______________

3.

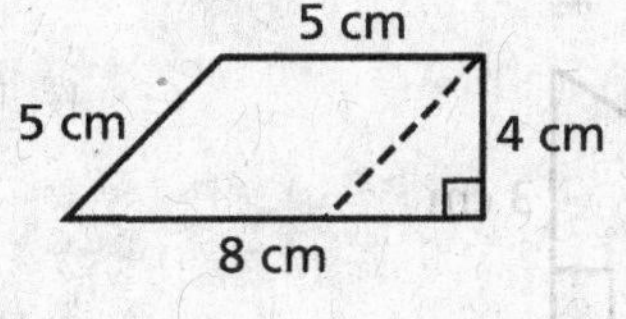

P = ______________

A = ______________

4.

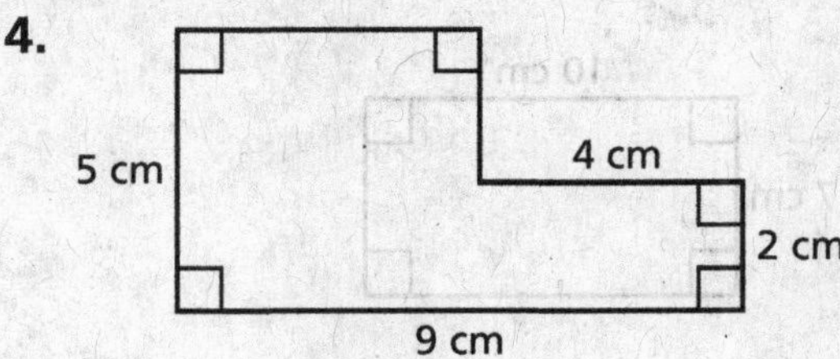

P = ______________

A = ______________

5.

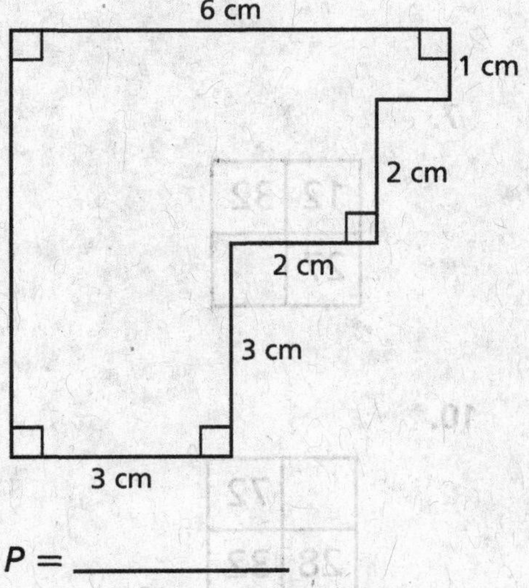

P = ______________

A = ______________

6.

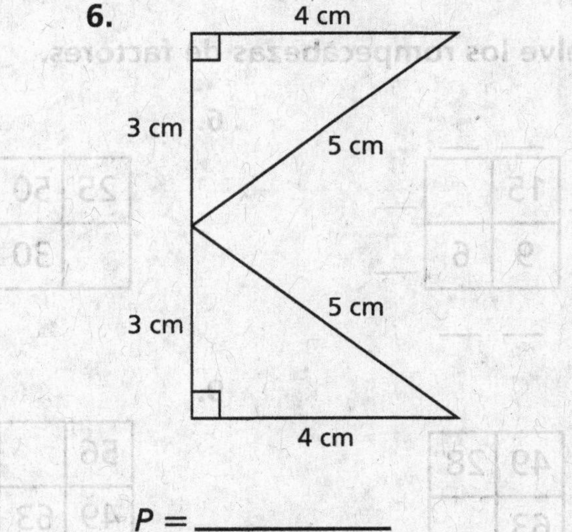

P = ______________

A = ______________

Recuerda

Halla el perímetro y el área.

1.

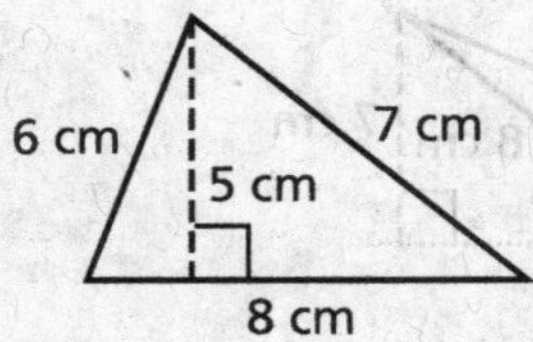

$P =$ ____________

$A =$ ____________

2.

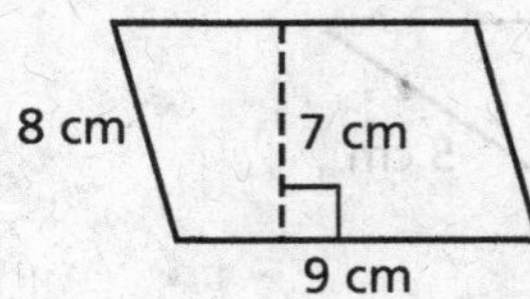

$P =$ ____________

$A =$ ____________

3.

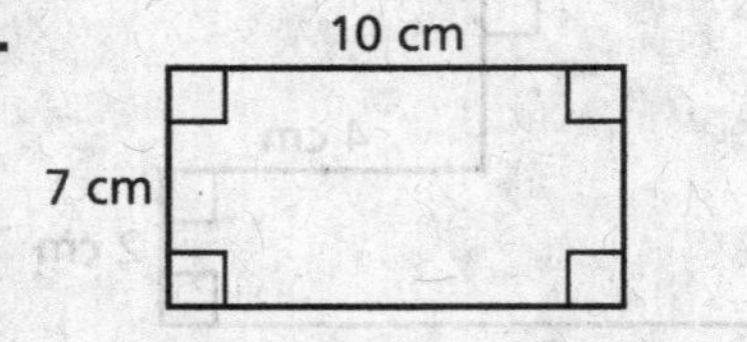

$P =$ ____________

$A =$ ____________

4.

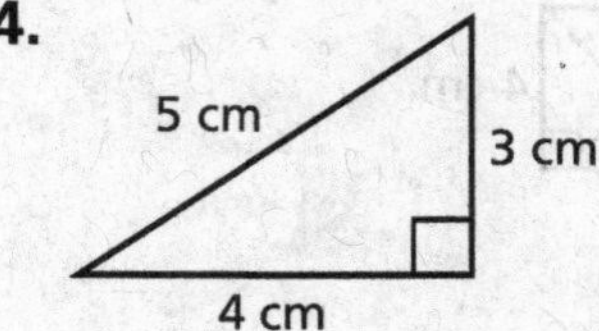

$P =$ ____________

$A =$ ____________

Resuelve los rompecabezas de factores.

5.

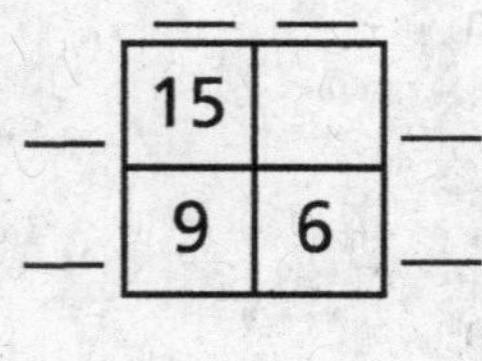

6.

25	50
	30

7.

12	32
27	

8.

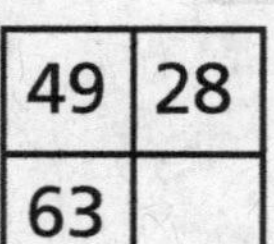

9.

56	
49	63

10.

	72
28	32

Nombre ________________________ Fecha ______________

Haz la tarea

Completa.

1. 36 pulg = ______ pies **2.** 12 pies = ______ yd **3.** 36 pulg = ______ yd

4. ______ pulg = 4 pies **5.** ______ pies = 2 yd **6.** ______ pulg = 3 yd

Halla el perímetro y el área de cada figura en pies.

7.

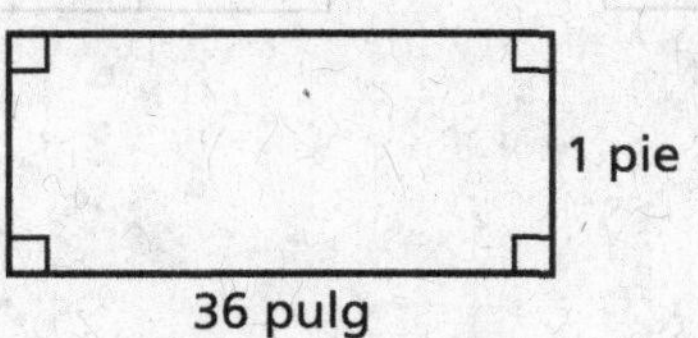

$P =$ ____________

$A =$ ____________

8.

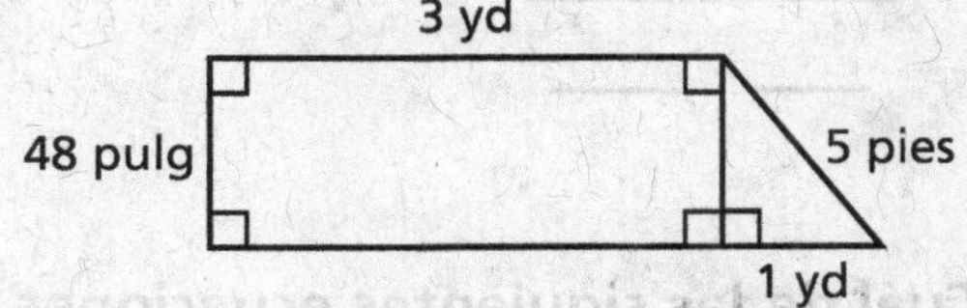

$P =$ ____________

$A =$ ____________

Halla el perímetro y el área de cada figura en yardas.

9.

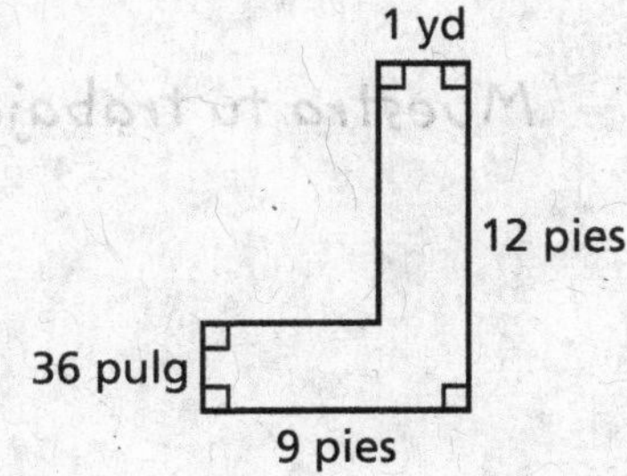

$P =$ ____________

$A =$ ____________

10.

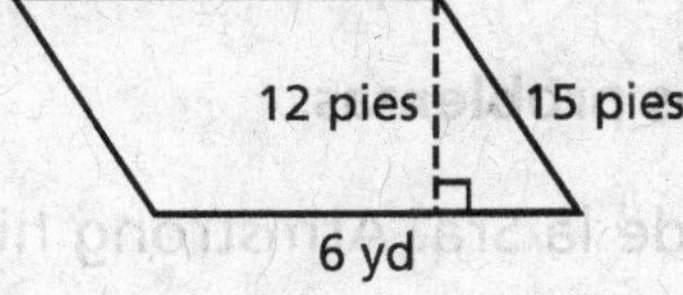

$P =$ ____________

$A =$ ____________

Recuerda

Resuelve los rompecabezas de factores.

1.

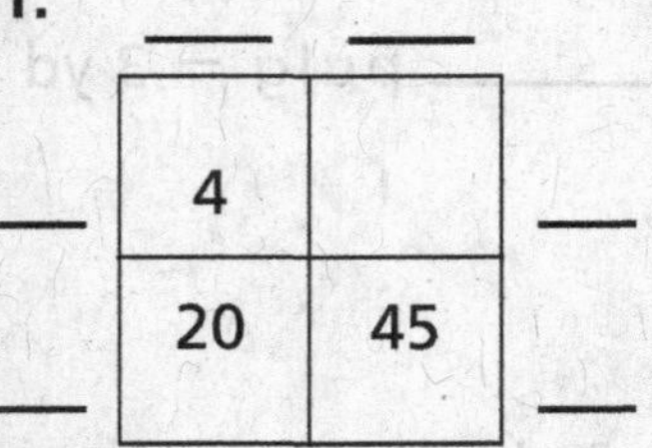

2.

	7
24	12

3.

	9
48	54

4.

16	18
	81

¿Cuál de las siguientes ecuaciones no es verdadera? ____________
Explica tu respuesta.

5. $9 \times 3 = 3 \times 9$ **6.** $9 + 3 = 3 + 9$ **7.** $9 \div 3 = 3 \div 9$

____

____

Resuelve los problemas. *Muestra tu trabajo.*

8. La clase de la Sra. Armstrong hizo una cadena de papel que mide 15 pies de largo. Quieren ponerla alrededor de la cartelera. La cartelera mide 4 pies de largo y 3 pies de ancho. ¿Es la cadena lo suficientemente larga para darle toda la vuelta a la cartelera?

____

____

____

9. La familia Sánchez está haciendo una arenera de 6 pies de largo y 4 pies de ancho. ¿Cuántos pies cuadrados cubre la arenera?

____

Haz la tarea

La siguiente es una relación entre el valor posicional y el dinero.

unidades	.	décimas	centésimas	milésimas
($1.00)		(10¢)	(1¢)	(décimas de centavo)

Escribe cada fracción como decimal y dila.

1. $\frac{349}{1,000}$ ______
2. $\frac{6}{10}$ ______
3. $\frac{58}{100}$ ______
4. $\frac{27}{1,000}$ ______
5. $\frac{2}{10}$ ______
6. $\frac{9}{100}$ ______
7. $\frac{6}{1,000}$ ______
8. $\frac{71}{100}$ ______
9. $\frac{90}{100}$ ______
10. $\frac{843}{1,000}$ ______
11. $\frac{5}{10}$ ______
12. $\frac{4}{100}$ ______
13. $\frac{1}{1,000}$ ______
14. $\frac{45}{100}$ ______
15. $\frac{896}{1,000}$ ______
16. $\frac{58}{1,000}$ ______

Resuelve.

17. Un edificio grande tiene 1,000 ventanas y hay que cambiar 5 de ellas. ¿Qué decimal representa el número de ventanas que hay que cambiar?

______

18. En una recepción se han comido 23 de 100 pedazos de una torta de matrimonio. ¿Qué número decimal representa el número de pedazos de torta que se han comido?

______

19. Jody hizo 10 invitaciones para la fiesta. Ayer puso 4 en el correo. ¿Qué decimal representa el número de invitaciones que ya puso en el correo?

______

20. Hay 1,000 vehículos en el estacionamiento del estadio. 422 de ellos son camionetas. ¿Qué decimal representa el número de vehículos que son camionetas?

______

Recuerda

Halla el número desconocido.

1. $9 \times w = 63$

   $w =$ ______

2. $42 \div 7 = c$

   $c =$ ______

3. $q \times 8 = 40$

   $q =$ ______

4. $k \div 6 = 9$

   $k =$ ______

5. $7d = 56$

   $d =$ ______

6. $28 \div 4 = x$

   $x =$ ______

7. $6 \bullet 8 = h$

   $h =$ ______

8. $36 \div z = 9$

   $z =$ ______

9. $8 \bullet g = 72$

   $g =$ ______

En cada tabla, escribe una regla de multiplicación. Incluye dos variables en cada regla que escribas. Luego, completa la tabla.

10.

Regla:					
Número de paquetes (*p*)	3	5	8		11
Número de borradores (*b*)	27		72	90	

11.

Regla:					
Número de filas (*f*)	2	4	6		
Número de sillas (*s*)	16	32		64	88

Resuelve.

12. Lyle calculó el área de la figura de la derecha en 34 $pulg^2$ y el perímetro en 40 pulg. ¿Tiene razón? Si no, explica cómo hallar las respuestas correctas.

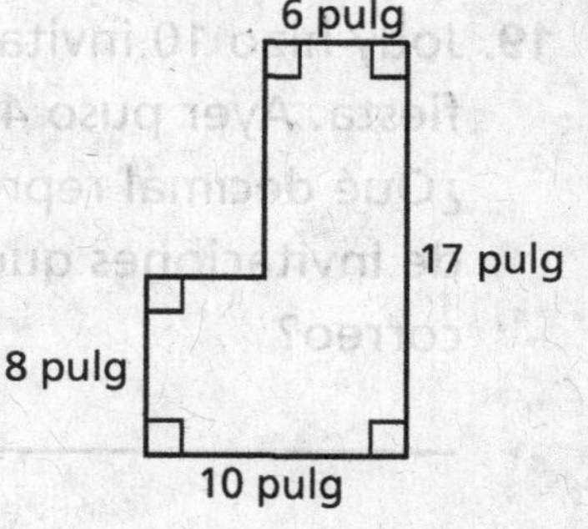

____

____

13. Julio obtuvo $\frac{1}{4}$ del número de puntos que obtuvo Paulos. Si Julio obtuvo 8 puntos, ¿cuántos puntos obtuvo Paulos?

____

Haz la tarea

Escribe cada cantidad como un número decimal.

1. 9 décimas ______ **2.** 52 centésimas ______ **3.** 8 centésimas ______

4. 3 centavos ______ **5.** $\frac{65}{100}$ ______ **6.** $\frac{548}{1,000}$ ______

7. $\frac{12}{1,000}$ ______ **8.** $\frac{7}{100}$ ______ **9.** 4 milésimas ______

Encierra en un círculo el valor que *no* es equivalente a los otros valores.

10. 0.47 0.470 0.407 0.4700 **11.** 0.5 0.50 $\frac{5}{10}$ 0.05

12. 0.801 0.810 0.81 0.8100 **13.** 0.700 0.70 0.07 0.7

14. 0.39 0.390 $\frac{39}{100}$ $\frac{39}{1,000}$ **15.** 0.04 0.40 0.040 0.0400

Compara. Escribe > (mayor que) ó < (menor que).

16. 0.36 ◯ 0.8 **17.** 0.405 ◯ 0.62 **18.** 0.91 ◯ 0.95

19. 0.45 ◯ 0.4 **20.** 0.836 ◯ 0.83 **21.** 0.299 ◯ 0.3

22. 0.621 ◯ 0.612 **23.** 0.7 ◯ 0.07 **24.** 0.504 ◯ 0.54

Una tienda tenía la misma cantidad de 5 tipos de telas. La tabla muestra cuánto queda de cada tela. Usa los datos para responder cada pregunta.

Tela roja	0.510 yd
Tela azul	0.492 yd
Tela amarilla	0.6 yd
Tela blanca	0.51 yd
Tela negra	0.48 yd

25. ¿Cuál fue la tela más vendida en la tienda? Explica.

____

26. ¿Cuál fue la tela menos vendida en la tienda? Explica.

____

27. ¿De qué telas queda la misma cantidad? Explica.

____

Recuerda

Halla los números desconocidos.

1. $h \times 7 = 49$

   $h =$ ______

2. $s \div 8 = 7$

   $s =$ ______

3. $8 \times b = 32$

   $b =$ ______

4. $48 \div 6 = x$

   $x =$ ______

5. $10 \cdot a = 0$

   $a =$ ______

6. $54 \div 9 = y$

   $y =$ ______

7. $5 \cdot 4 = d$

   $d =$ ______

8. $63 \div n = 9$

   $n =$ ______

9. $6 \cdot t = 36$

   $t =$ ______

10. $72 \div r = 9$

    $r =$ ______

11. $5 \times 9 = v$

    $v =$ ______

12. $\frac{27}{3} = m$

    $m =$ ______

Resuelve los rompecabezas de factores.

13.

	___	___	
___		48	___
___	21	24	___
	___	___	

14.

21	
63	54

15.

21	63
	36

Resuelve.

16. Franco ordenó para el almuerzo una bebida, un sándwich y una ensalada. Puede escoger entre 3 bebidas, 2 sándwiches y 4 ensaladas. ¿Cuántos almuerzos posibles hay?

    ____

17. Tamara tiene que leer para su informe 4 veces más páginas que María. A Tamara le faltan por leer 20 páginas. ¿Cuántas páginas le faltan por leer a María?

    ____

18. Dae Youn quiere poner una alfombra nueva en su habitación. El piso de la habitación mide 6 pies de ancho por 10 pies de largo. ¿Cuánta alfombra necesita?

    ____

 Nombre ______ Fecha ______

Haz la tarea

Escribe un número decimal para cada número en palabras.

1. nueve mil seiscientos cinco y nueve décimas

______

2. doscientos diez mil cincuenta y 19 centésimas

______

3. tres décimas

______

4. siete milésimas

______

5. ocho centésimas

______

Escribe cada cantidad como número decimal.

6. $\frac{602}{1,000}$ ______ **7.** $\frac{21}{100}$ ______ **8.** $4\frac{9}{10}$ ______ **9.** $14\frac{27}{100}$ ______

10. $35\frac{712}{1,000}$ ______ **11.** $9\frac{5}{100}$ ______ **12.** $24\frac{13}{1,000}$ ______ **13.** $3\frac{68}{100}$ ______

14. $2\frac{1}{1,000}$ ______ **15.** $63\frac{7}{10}$ ______ **16.** $\frac{84}{1,000}$ ______ **17.** $29\frac{4}{1,000}$ ______

18. $8\frac{17}{1,000}$ ______ **19.** $\frac{6}{100}$ ______ **20.** $5\frac{106}{1,000}$ ______ **21.** $37\frac{3}{100}$ ______

Encierra en un círculo el valor que no es equivalente a los otros valores.

22. 2.6 2.60 2.06 2.600 **23.** 4.07 4.070 4.70 4.0700

24. 65.800 65.8 65.08 65.80 **25.** 37.6 37.060 37.0600 37.06

Compara. Escribe > (mayor que) ó < (menor que).

26. 14.08 ◯ 14.80 **27.** 789.152 ◯ 789.15 **28.** 3.071 ◯ 3.007

Ordena los números decimales de menor a mayor.

29. 943.18, 94.18, 943.179, 94.183,

______

 Nombre ______________________ Fecha ______________

Recuerda

1. $6 \times a = 24$

   $a =$ ______

2. $28 \div 7 = x$

   $x =$ ______

3. $j \times 7 = 42$

   $j =$ ______

4. $y \times 9 = 54$

   $y =$ ______

5. $k \bullet 9 = 81$

   $k =$ ______

6. $56 \div 8 = s$

   $s =$ ______

7. $8 \bullet 5 = z$

   $z =$ ______

8. $63 \div u = 9$

   $u =$ ______

9. $6 \bullet n = 48$

   $n =$ ______

Describe los ángulos que parecen estar formados por la intersección de las líneas como ángulos agudos, obtusos o rectos.

10. 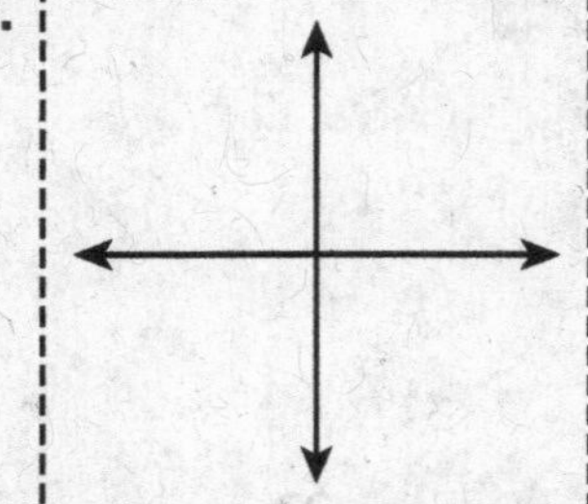

____

11. 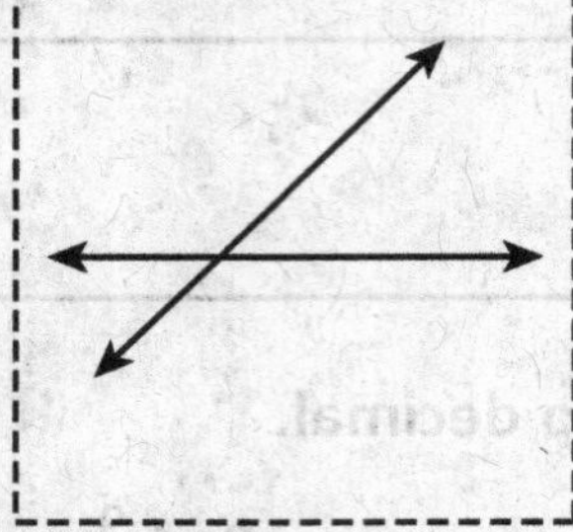

____

12. Erika dibujó un triángulo con una base de 6 pulgadas y una altura de 8 pulgadas. Trevor dibujó un cuadrado de 5 pulgadas de lado. Rena dibujó un paralelogramo con una base de 12 pulgadas y una altura de 2 pulgadas.

Muestra tu trabajo.

De las figuras que fueron dibujadas, ¿cuál tiene mayor área? Explica tu respuesta en las líneas de abajo.

área de un paralelogramo = base × altura
área de un cuadrado = lado × lado
área de un triángulo = $\frac{\text{base} \times \text{altura}}{2}$

____

____

____

Haz la tarea

La tabla de la derecha muestra el promedio de velocidad de cuatro caballos durante una carrera. Usa los datos para responder cada pregunta.

Rayo Veloz	47.510 mph
Polvo Dorado	47.492 mph
Fuego Amarillo	47.6 mph
Indomable	47.51 mph

1. ¿Qué caballo fue el más veloz?

____

2. ¿Qué caballo fue el más lento?

____

3. ¿Qué caballos fueron igualmente veloces?

____

Copia cada ejercicio. Luego, suma o resta.

4. 0.9 + 0.06 = ____
5. 0.47 + 0.258 = ____
6. 0.56 + 0.913 = ____
7. 1.4 − 0.9 = ____
8. 5 − 1.5 = ____
9. 3.7 − 2.49 = ____
10. 0.008 + 0.6 = ____
11. 0.482 + 0.309 = ____
12. 19 + 1.044 = ____
13. 3 − 0.005 = ____
14. 0.409 − 0.20 = ____
15. 6.07 − 4 = ____

Recuerda

Halla el número desconocido.

1. $a \div 4 = 10$

$a =$ ______

2. $3 \cdot c = 27$

$c =$ ______

3. $24 \div d = 6$

$d =$ ______

4. $e \times 9 = 36$

$e =$ ______

5. $64 \div 8 = j$

$j =$ ______

6. $8b = 16$

$b =$ ______

7. $g = 5 \times 7$

$g =$ ______

8. $7 = h \div 3$

$h =$ ______

9. $30 = 6 \cdot r$

$r =$ ______

10. $(16 - 7) \times 2 = m$

$m =$ ______

11. $p = 16 - (7 \times 2)$

$p =$ ______

12. $(2 \times 3) - (1 \times 5) = v$

$v =$ ______

13. $2 \times (3 - 1) \times 5 = s$

$s =$ ______

14. $w = (24 \div 3) + 9$

$w =$ ______

15. $5 + 7 + (6 \div 3) = q$

$q =$ ______

Resuelve.

16. Yoghi está haciendo unas tarjetas. Puede escoger entre 4 colores de marcadores y 5 colores de papel. ¿De cuántas maneras diferentes puede diseñar una tarjeta?

______

17. Al frente de cada tarjeta, Yoghi coloca 3 filas de 6 adhesivos en cada fila. ¿Cuántos adhesivos usa en cada tarjeta?

______

18. Para hacer las tarjetas, Yoghi compró unos marcadores nuevos. Cada paquete que compró traía 8 marcadores. Usó 7 marcadores y le sobraron 25. ¿Cuántos paquetes de marcadores compró?

______

19. Yoghi calculó que los materiales para hacer una tarjeta le costaron \$2. Por eso decidió vender cada tarjeta por \$5. Si vendió 6 tarjetas, ¿cuánto obtuvo Yoghi de ganancia?

______

 Nombre ________________________ Fecha ____________

Haz la tarea

Compara. Escribe > (mayor que) ó < (menor que).

1. 0.15 ◯ 0.9 **2.** 0.52 ◯ 0.307 **3.** 0.48 ◯ 0.6

4. 0.283 ◯ 0.238 **5.** 0.75 ◯ 1.4 **6.** 0.5 ◯ 0.05

7. 2 ◯ 0.2 **8.** 3.088 ◯ 3.1 **9.** 7.40 ◯ 4.7

Escribe cada número entero.

10. 80 mil = ____________ **11.** nueve millones = ____________

12. siete mil millones = ____________ **13.** 42 millones 120 = ____________

Copia cada ejercicio. Luego suma.

14. 0.7 + 0.05 = ______ **15.** 0.48 + 0.159 = ______ **16.** 0.25 + 0.618 = ______

Copia cada ejercicio. Luego resta.

17. 10 − 0.35 = ______ **18.** 0.7 − 0.19 = ______ **19.** 3.6 − 2 = ______

Escribe estos pares relacionados.

20. 1 millón ____________ **21.** 1 millonésima ____________

22. seis mil millones ____________ **23.** 6 milmillonésimas ____________

24. Escribe 2 diferencias entre números enteros y números decimales.

____

____

____

____

____

____

Recuerda

Halla el número desconocido.

1. $s \times 4 = 16$

   $s =$ ______

2. $d \div 2 = 10$

   $d =$ ______

3. $7 \times e = 49$

   $e =$ ______

4. $72 \div 9 = x$

   $x =$ ______

5. $6 \cdot c = 42$

   $c =$ ______

6. $54 \div 9 = r$

   $r =$ ______

7. $8 \cdot 6 = v$

   $v =$ ______

8. $32 \div g = 8$

   $g =$ ______

9. $7 \cdot t = 63$

   $t =$ ______

Escribe acutángulo, rectángulo u obtusángulo en cada triángulo.

10. 

______

11. 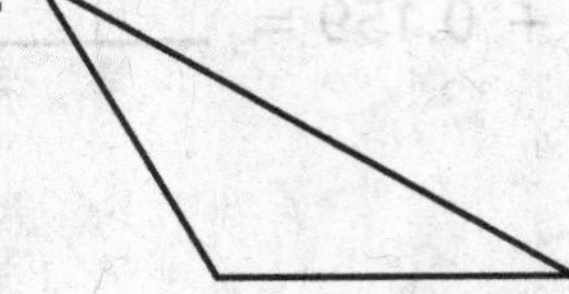

______

12. 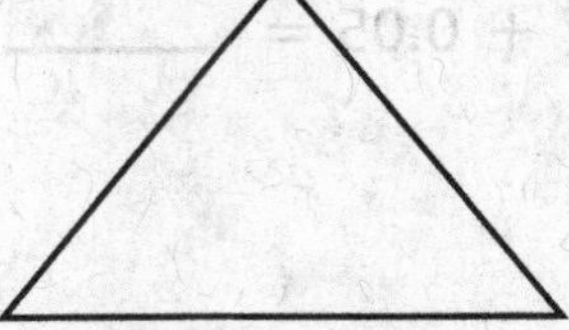

______

En cada tabla, escribe una regla de multiplicación en palabras y como ecuación de dos variables. Luego, completa la tabla.

13.

Regla:					
Ecuación					
Horas (h)	1	2	3		6
Distancia en millas (m)	10	20		50	60

14.

Regla:					
Ecuación					
Distancia en pies (p)		1	4	2	5
Segundos (s)	0	2		4	10

Nombre ____________________ Fecha ____________________

Haz la tarea

Escribe el nombre en palabras de cada número decimal.

1. 0.06 ____________________
2. 24.7 ____________________
3. 1.308 ____________________

Sigue las instrucciones para cambiar el número que aparece en la casilla.

764,259.03

4. Aumenta el número en 100,000 ____________
5. Disminuye el número en 1 centésima ____________
6. Aumenta el número en 5 décimas ____________
7. Escribe un número con 2 más en el lugar de las decenas de millares ____________
8. Reorganiza los dígitos para formar el número decimal más grande posible con dos lugares decimales ____________

Escribe cada número.

9. quinientos mil ____________
10. cuatro mil y seis décimas ____________
11. 10 y 8 centésimas ____________
12. 390 y 7 milésimas ____________

Compara. Escribe > (mayor que) o < (menor que).

13. 657,894 ◯ 657,994
14. 120,705 ◯ 1,207,051
15. 3,246,000,800 ◯ 3,246,001,800
16. 4,900,754,001 ◯ 490,075,400
17. 7,504,180 ◯ 7,503,190
18. 27,546,709 ◯ 27,543,893
19. 91,257,306 ◯ 991,257,375
20. 638,697,345 ◯ 638,687,345
21. 1,753,682 ◯ 1,753,692
22. 8,004,752,390 ◯ 8,004,752,490

Nombre ______ Fecha ______

Recuerda

Copia cada ejercicio. Luego suma o resta.

1. 23 + 1.75 = ______
2. 0.9 − 0.62 = ______
3. 0.41 + 0.007 = ______
4. 6.12 − 3.1 = ______
5. 5 + 2.01 = ______
6. 5 − 4.106 = ______

Usa los siguientes números en los ejercicios 7 y 8: 3.7 0.196 3.07 0.02 0.5

7. Ordena los números de menor a mayor. ______
8. Ordena los números de mayor a menor. ______

Escoge el número correcto de la caja de la derecha.

918	300.15	87.8
88.7	176.9	40.287
40,287	91.8	30,015

9. trescientos y quince centésimas ______
10. ochenta y ocho y siete décimas ______
11. cuarenta y doscientos ochenta y siete milésimas ______
12. noventa y uno y 8 décimas ______

Resuelve.

13. ¿Cuál es el perímetro, en centímetros, de la siguiente figura?

Perímetro: = ______

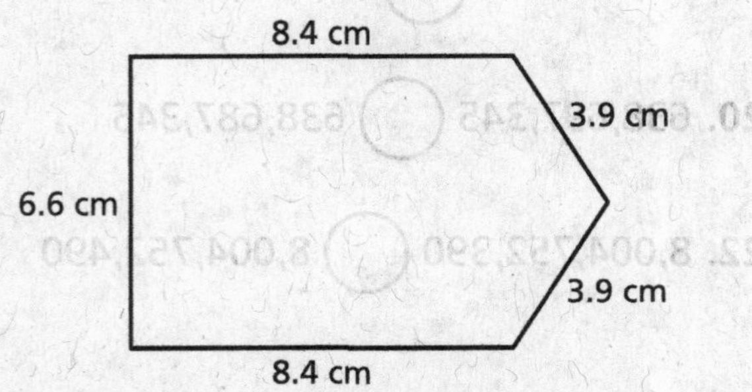

Haz la tarea

Usa el número 724,062.581 en cada ejercicio.

1. Aumenta el número en 0.007 ______
2. Disminuye el número en 10,000 ______
3. Suma 8 al lugar de las centenas ______
4. Resta 2 al lugar de las centésimas ______

Copia cada ejercicio. Luego, suma o resta.

5. $37 + 45¢ = ______
6. $82.06 + 25¢ = ______
7. 59¢ + $4.23 = ______

8. 9 m + 0.05 m = ______
9. 6.4 m + 0.07 m = ______
10. 5 m + 0.08 m = ______

11. 231 + 0.26 = ______
12. 46.08 + 0.97 = ______
13. 92.24 + 3.6 = ______

Resuelve. *Muestra tu trabajo.*

14. Olivia quiere comprar una chaqueta que cuesta $84. El impuesto a las ventas que le debe sumar al costo de la chaqueta es $4.65. ¿Cuál es el costo total de la chaqueta?

______

Nombre ______ Fecha ______

Recuerda

Compara. Escribe = (es igual a) o ≠ (no igual a).

1. 6.003 ◯ 6.03
2. 106.72 ◯ 106.9
3. 98.07 ◯ 98.070
4. 5 ◯ 5.000
5. 0.14 ◯ 0.104
6. 0.1 ◯ 0.100
7. 0.000 ◯ 0
8. 11.0 ◯ 11
9. 5.020 ◯ 5.002
10. 18.6 ◯ 18.60
11. 0.2 ◯ 2.0
12. 7.04 ◯ 7.40

Usa el número 427,389.106 en los ejercicios 13 a 20.

13. El dígito 7 está en el lugar de los ______.
14. El dígito 1 está en el lugar de las ______.
15. ¿Qué dígito está en el lugar de las centenas? ______
16. ¿Qué dígito está en el lugar de las milésimas? ______
17. El dígito 9 está en el lugar de las ______.
18. ¿Qué dígito está en el lugar de las decenas de millar? ______
19. El dígito 4 está en el lugar de las ______.
20. Escribe el número usando palabras.

______

______

Usa los dígitos 6, 9 y 1 en los ejercicios 21 a 24. Usa cada dígito una vez.

21. Escribe el número entero más grande de tres dígitos. ______
22. Escribe el número entero más pequeño de tres dígitos. ______
23. Escribe el número decimal más grande en centésimas. ______
24. Escribe el número decimal más pequeño en décimas. ______

 Nombre ____ Fecha ____

Haz la tarea

Suma cada par de números.

1. 80,615.405 + 3,468.27

2. 512,019 + 6,478.084

3. 2.765 + 19.6529

4. 0.825 + 647.52

5. 10,856.29 + 9,753.779

6. 901,728.6 + 7,286.903

Usa el número $4,697,385.65 en los ejercicios 7–12.

7. Suma 3 millones de dólares. ____

8. Resta 5 mil dólares. ____

9. Suma 20 dólares. ____

10. Resta $10,000. ____

11. Suma 2 monedas de 10¢. ____

12. Resta 1 moneda de 1¢. ____

 Nombre ____________ Fecha ____________

Recuerda

Halla el número desconocido.

1. $(5 \cdot 8) \div 4 = c$

   $c =$ ______

2. $d = 72 \div (9 - 1)$

   $d =$ ______

3. $a = (5 \times 6) - 17$

   $a =$ ______

4. $(35 + 7) \div 7 = r$

   $r =$ ______

5. $21 \cdot s = 0$

   $s =$ ______

6. $3t = (4 + 5) \times 3$

   $t =$ ______

Resuelve.

Emilio está sembrando un jardín pero mezcló las semillas. Ahora tiene que separar las semillas. Tiene un libro que le indica la longitud de las diferentes semillas. Abajo se dan las longitudes.

Emilio no entiende muy bien los números decimales. Puedes ayudarlo anotando las semillas de la más larga a la más corta. Entonces Emilio podrá identificar y separar sus semillas.

Tamaños de las semillas		Semillas en orden de tamaño
Tomate 0.3 cm	Más larga	7. ______
Calabaza 1.25 cm	↓	8. ______
Sandía 0.9 cm		9. ______
Zanahoria 0.15 cm		10. ______
Maíz 0.75 cm		11. ______
Berenjena 0.25 cm	Más corta	12. ______

Escribe el perímetro y el área de la siguiente figura.

13. **Perímetro** = ______

14. **Área** = ______

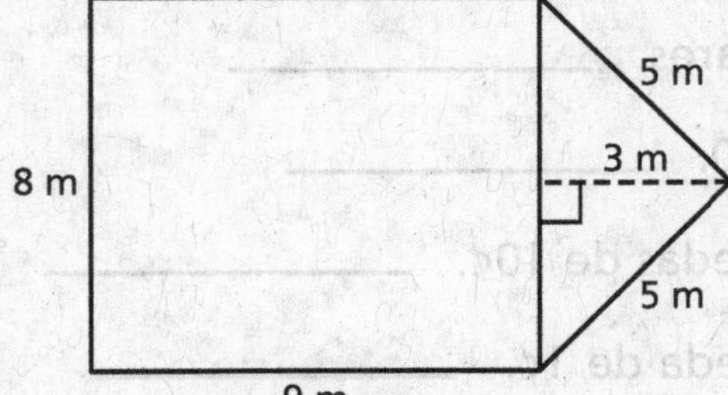

 Nombre ____________ Fecha ____________

Haz la tarea

Copia cada ejercicio. Luego resta.

1. 6,000 − 348 = _____
2. 7,364 − 937 = _____
3. 50,821 − 3,617 = _____
4. 720.95 − 286.4 = _____
5. 18,652 − 4.31 = _____
6. 350.6 − 176.54 = _____

Resuelve. *Muestra tu trabajo.*

7. Ahmad tenía una cuerda de 7.14 metros de longitud. Le cortó 0.095 metros para practicar nudos. ¿Qué longitud de cuerda le quedó después de cortarla?

   ____

8. Natasha tiene una colección grande de libros. El libro más grueso mide 4.9 centímetros. El libro más delgado mide 1.8 centímetros. ¿Cuál es la diferencia de grosor entre esos dos libros?

   ____

9. Yoshi ahorró $1,238.46 para sus vacaciones en México. Gastó $975 durante su estadía en México. ¿Qué cantidad de dinero no gastó Yoshi?

   ____

10. Las tarántulas son unas de las arañas más grandes del mundo. Una tarántula puede crecer hasta 6.8 centímetros de largo. Una araña escupidora crece hasta 0.9 centímetros de largo. ¿Aproximadamente qué diferencia de tamaño hay entre las tarántulas y las arañas escupidoras?

    ____

 Nombre Fecha

Recuerda

Encierra en un círculo cada grupo que no sea equivalente a los demás.

1. 9.050 9.05 09.050 0.950 09.05
2. 1.410 1.041 01.41 1.4100 01.410
3. 2.650 02.65 2.605 2.65 02.650

Escribe cada número decimal.

4. 2 mil y 8 décimas ____________
5. 31 mil y 57 centésimas ____________
6. 94 mil 631 y 7 milésimas ____________
7. seis millones y cinco centésimas ____________

Escribe cada cantidad como número decimal.

8. 6 décimas ______ 9. 4 milésimas ______ 10. 2 centésimas ______

11. $\frac{18}{100}$ ______ 12. $9\frac{3}{10}$ ______ 13. $\frac{26}{1,000}$ ______

14. 73 centésimas ______ 15. 1 décima ______ 16. 8 milésimas ______

Calcula el perímetro (*P*) de cada figura en *pies*.

17.

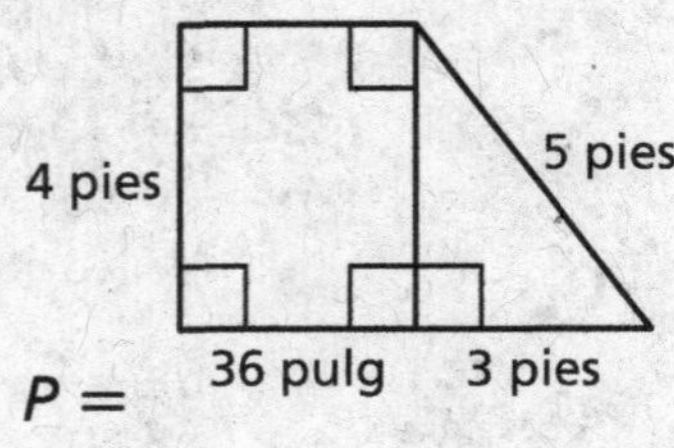

P = ____________

18.

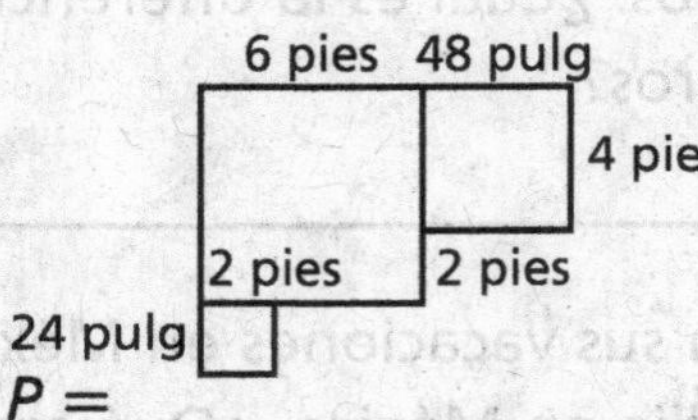

P = ____________

19.

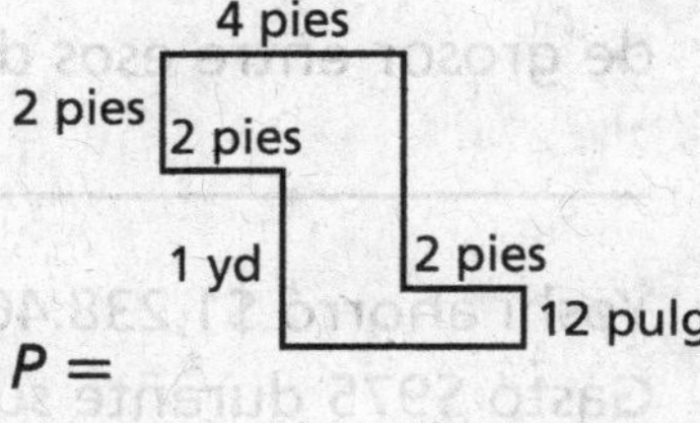

P = ____________

Resuelve los rompecabezas de factores.

20.

	__	__	
__	8		__
__	10	15	__
	__	__	

21.

48	56
	63

22.

15	35
12	

Haz la tarea

Usa la información de la tabla para responder las siguientes preguntas.

Conciertos de Verano del Lago

Grupo musical	*Fecha*	*Número de espectadores*	*Venta de boletos*
Águilas	5 de mayo	47,591	$475,910
Fred y su Combo	26 de mayo	59,985	$599,850
Los de Adentro	8 de junio	51,872	$518,720
Magos del Ritmo	19 de junio	43,469	$434,690
Paparazzi	27 de junio	56,327	$563,270

Muestra tu trabajo.

1. ¿Qué grupo musical tuvo más espectadores?

____

2. ¿En total, cuántos espectadores hubo en los conciertos en el mes de mayo? ¿En junio?

Mayo _______________

Junio _______________

3. Para cada concierto había un total de 60,000 boletos disponibles. ¿Cuántos boletos no se vendieron cuando tocaron Los de Adentro? ¿Y cuando tocó Paparazzi?

Los de Adentro _______________

Paparazzi _______________

4. ¿Cuánto dinero se recolectó con la venta de boletos de mayo? ¿De junio?

Mayo _______________

Junio _______________

5. ¿Qué patrón observas entre el tamaño de la audiencia y la venta de boletos? _______________

6. ¿Qué te indica eso acerca del precio de los boletos?

____

 Nombre ______________________ Fecha ________

Recuerda

Usa el número 24,168.05 en los ejercicios 1–6.

1. Aumenta el número en 1,000. ______________
2. Escribe el número con 2 decenas menos. ______________
3. Disminuye el número en 3 centésimas. ______________
4. Escribe el número con 5 decenas de millar más. ______________
5. Escribe el número con 9 más en el lugar de las décimas. ______________
6. Aumenta el número en 500. ______________

Usa los números decimales de abajo para responder las siguientes preguntas.

0.2698 2.698 0.02698 0.26980 26.980

7. ¿Cuál es el número menor? ______________
8. ¿Cuál es el número mayor? ______________
9. ¿Cuáles dos de esos números son equivalentes? ______________

Escribe la medida equivalente.

10. 36 pulg = ______ pies
11. 24 pies = ______ yardas
12. 36 pulg = ______ yarda
13. 2 yardas = ______ pulg
14. 4 pies = ______ pulg
15. 8 yardas = ______ pies

Calcula el perímetro (*P*) y el área (*A*) de cada rectángulo.

16.

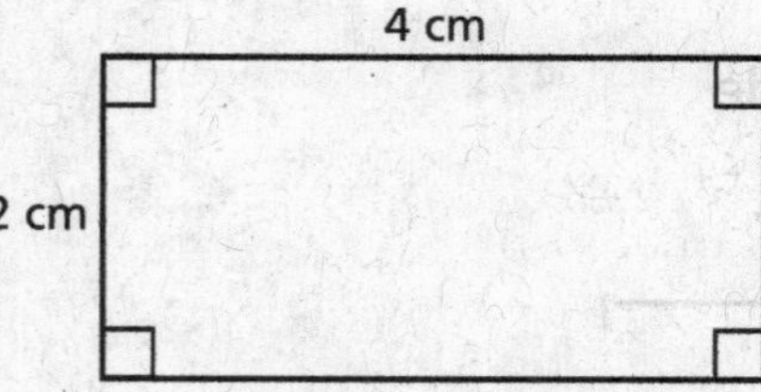

P = ______________

A = ______________

17.

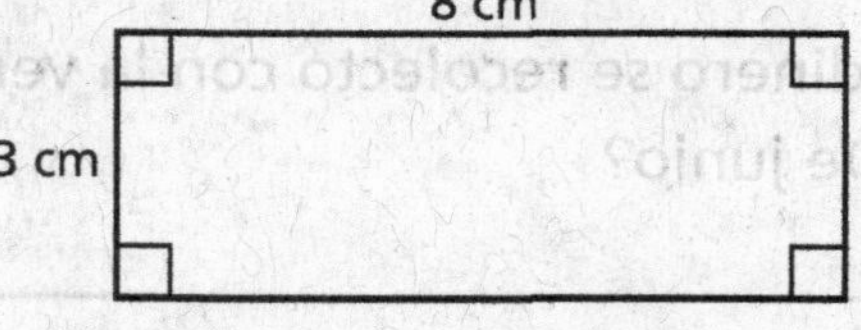

P = ______________

A = ______________

Haz la tarea

Usa la propiedad conmutativa para despejar *n*.

1. 26,184 + 1,546 = 1,546 + *n*

n = ______

2. 17.39 + 12.58 = 12.58 + *n*

n = ______

Reagrupa los números usando la propiedad asociativa. Luego suma.

3. (389 + 700) + 300 =

______

4. 1.02 + (0.98 + 4.87) =

______

Usa la propiedad distributiva para escribir de nuevo cada problema para que tenga sólo dos factores. Luego, resuelve.

5. (8 × 700) + (8 × 300) =

______

6. (25 × 9) + (75 × 9) =

______

Agrupa los números para que sea más fácil sumarlos. Luego, suma.

7.
20,000
70,000
30,000
68,000
+ 80,000

8.
10,000
25,000
89,000
75,000
+ 90,000

9.
10.75
10.4
10.25
10.57
+ 10.6

10.
1.600
1.200
1.200
+ 1.479

Resta.

11. $182.09 − 37¢ = ______

12. $5,287.32 − 59¢ = ______

13. $362 − 48¢ = ______

14. 6 m − 0.03 m = ______

15. 8 dm − 0.5 dm = ______

16. 4 m − 0.032 m = ______

 Nombre ______ Fecha ______

Recuerda

Usa estos números decimales para responder las siguientes preguntas.

68.70 6.870 6.087 6.87 0.6870

1. ¿Cuál es el número menor? ______

2. ¿Cuál es el número mayor? ______

3. ¿Cuáles dos de esos números son equivalentes? ______

Compara. Escribe >, < o =.

4. 0.09 ◯ 0.7 **5.** 0.30 ◯ 0.3 **6.** 0.86 ◯ 0.7

7. 0.461 ◯ 0.416 **8.** 1.9 ◯ 0.83 **9.** 0.5 ◯ 0.500

10. 1.26 ◯ 12.6 **11.** 7.00 ◯ 7 **12.** 2 ◯ 0.2

Resuelve. *Muestra tu trabajo.*

13. ¿Cuál es el número entero más grande de 3 dígitos que puedes formar usando los dígitos 5, 8 y 2 una vez? ¿Cuál es el número entero más pequeño de 3 dígitos que puedes formar?

______

14. ¿Cuál es el número decimal más pequeño que puedes formar usando los dígitos 5, 0, 8 y 2 una vez?

______

15. Cherise está cultivando una planta de tomate para su proyecto de ciencias. Al final de la primera semana la planta medía 4.7 cm de alto. Durante la segunda semana, la planta había crecido 0.9 cm. ¿Cuánto medía la planta al final de la segunda semana?

______

 Nombre ______________________ Fecha ______________

Haz la tarea

Usa la información de cada problema para crear una pictografía.

1. La Compañía de Libros Horizontes quiere hacer una pictografía que muestre el número de libros vendidos este año. Con la siguiente información, haz una pictografía. Ponle a tu gráfica un título y una clave.

Niños	500,000
Adultos	700,000

Libros para niños	
Libros para adultos	

Clave: ____________

2. la Compañía de Música Melodías quiere hacer una pictografía que muestre el número de CD vendidos este año. Con la siguiente información, haz una pictografía. Recuerda ponerle un título y una clave.

Rock	40,000
Country	30,000
Jazz	15,000
Clásica	5,000

Rock	
Country	
Jazz	
Clásica	

Clave: ____________

3. Formula 2 preguntas acerca de tu pictografía en el problema 2 y luego respóndelas.

____

____

____

____

3–12 Nombre ______ Fecha ______

Recuerda

Responde a cada pregunta acerca de los siguientes números decimales.

58.76 5.876 0.05876 5.8760 0.5876

1. ¿Cuál es el número menor?

______

2. ¿Cuál es el número mayor?

______

3. ¿Cuáles dos de esos números son equivalentes?

______

Escribe cada número.

4. siete décimas ______

5. treinta millones ______

6. ocho centésimas ______

7. cuatro millones uno ______

8. cuarenta y cinco mil seis ______

9. setecientos cincuenta mil diez ______

10. ochenta mil veintinueve ______

11. dos milésimas ______

Para cada medida, escribe la longitud equivalente en decímetros (dm), centímetros (cm) y milímetros (mm).

12. 13.74 m ______ dm ______ cm ______ mm

13. 0.85 m ______ dm ______ cm ______ mm

Haz la tarea

Redondea a la decena más cercana.

1. 62 ______ 2. 91 ______

Redondea al millar más cercano.

3. 3,205 ______ 4. 8,500 ______

Redondea a la centena más cercana.

5. 493 ______ 6. 1,580 ______

Redondea a la decena de millar más cercana.

7. 50,926 ______ 8. 75,612 ______

Decide si se necesita una estimación *acertada* o una *ordinaria.* Luego estima para hallar cada respuesta.

Muestra tu trabajo.

9. Amy tiene 5,805 cuentas largas y 3,950 cuentas cortas. ¿Aproximadamente cuántas cuentas largas más que cuentas cortas tiene Amy?

______

10. La Escuela Lincoln tiene 54 estudiantes de quinto grado y la Escuela El Olmo tiene 38 estudiantes de quinto grado. Las dos escuelas harán juntas una fiesta. Cada estudiante de quinto grado recibirá un globo. ¿Aproximadamente cuántos globos deben comprar los maestros?

______

11. En un estacionamiento hay 598 carros y 214 camionetas. ¿Aproximadamente cuántos vehículos hay en total en el estacionamiento?

______

12. Una tienda deportiva vendió $15,679 en patines y $16,231 en monopatines este año. ¿Aproximadamente cuánto dinero ganó la tienda en estos dos artículos?

______

Nombre ______________________ Fecha ______________

Recuerda

Cada mes de agosto en la feria del condado, hay un concurso para ver quién cultivó el girasol más alto. Abajo hay una tabla que muestra las alturas de los girasoles.

1. Haz una lista para mostrar quién obtuvo el primer lugar, quién el segundo y quién el tercero.

Participantes	
Arturo	4.781 m
Jan	5.935 m
Shen	6.105 m
Max	6.20 m
Madison	5.92 m
Alex	5.915 m

Primer lugar ____________

Segundo lugar ____________

Tercer lugar ____________

Resuelve.

Muestra tu trabajo.

2. Micaela, Simona y Verónica quieren comprar unas camisetas para el club de ciencias. Si el tesorero del club les da $35.00 y ellas gastan $27.50 en las camisetas, ¿cuánto dinero les queda?

____

3. Micaela, Simona y Verónica quieren comprar pintura brillante con el dinero que les sobró. La pintura está en oferta a 3 tubos por $6.00. ¿Tienen suficiente dinero para comprar 3 tubos de pintura? De ser así, ¿cuánto dinero les sobrará?

____

Halla el área de cada triángulo rectángulo.

4. 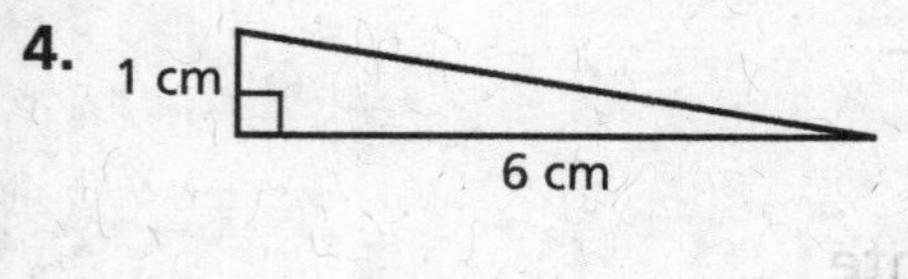

____

5. 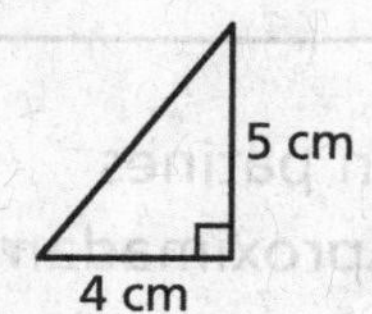

____

6. 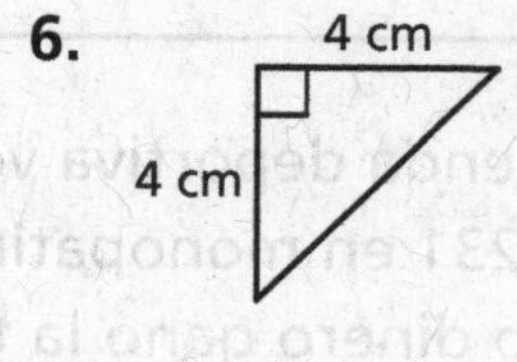

____

3–14 **Nombre** ______________________ **Fecha** __________

Haz la tarea

Un guardabosque estimó el número de árboles del bosque e hizo esta gráfica de barras.

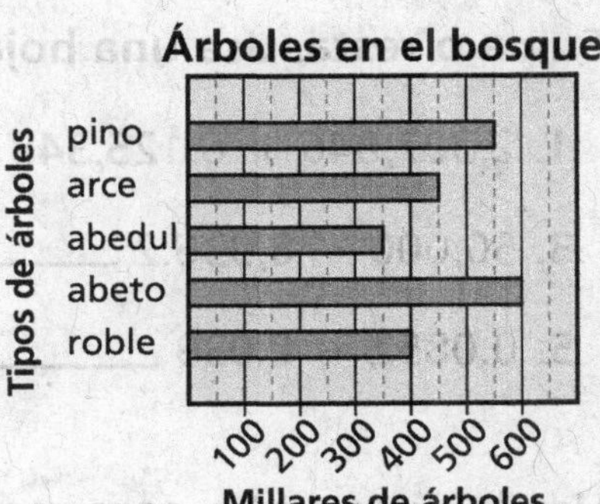

1. ¿Aproximadamente cuántos arces hay en el bosque?

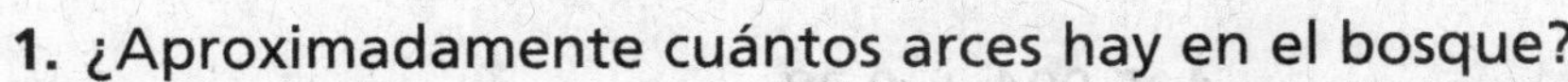

____

2. ¿Aproximadamente cuántos abetos y pinos hay en total?

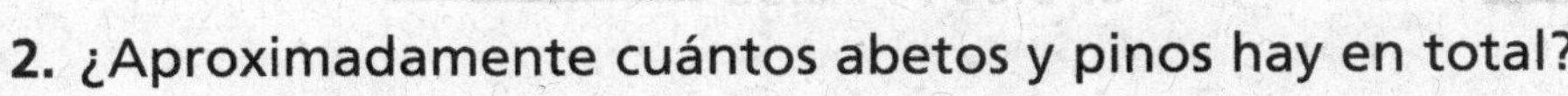

____

3. ¿Aproximadamente cuántos robles hay más que abedules?

____

4. Escribe una estimación del total de árboles que hay en el bosque.

____

Haz una gráfica de barras.

La tabla de abajo muestra una estimación del número de gatos, perros y aves que hay en los hogares de Estados Unidos.

5. Haz una gráfica de barras para mostrar estos datos. Haz tu propia escala.

Gatos	59,000,000
Perros	53,000,000
Aves	13,000,000

Mascotas más comunes en Estados Unidos

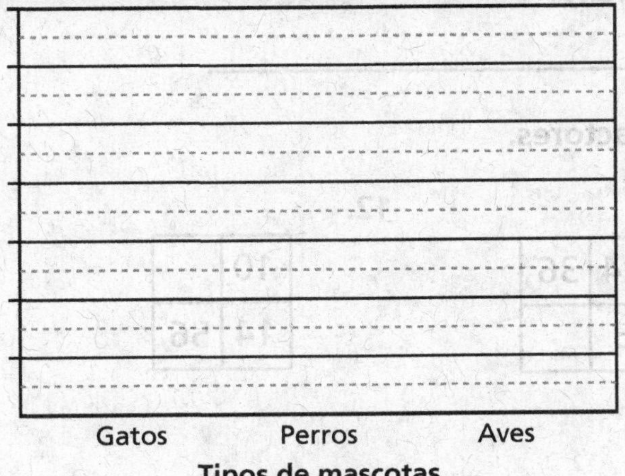

Nombre ____________________ Fecha ____________

Recuerda

Suma o resta. Usa una hoja de papel aparte.

1. 2,387,046 + 6,125,348 __________
2. 38.567 + 4.286 __________
3. 50,000 − 8,936.2 __________
4. 5.004 + 0.38 __________
5. 0.0852 − 0.039 __________
6. 5.004 − 0.38 __________

Usa la pictografía para resolver el problema.

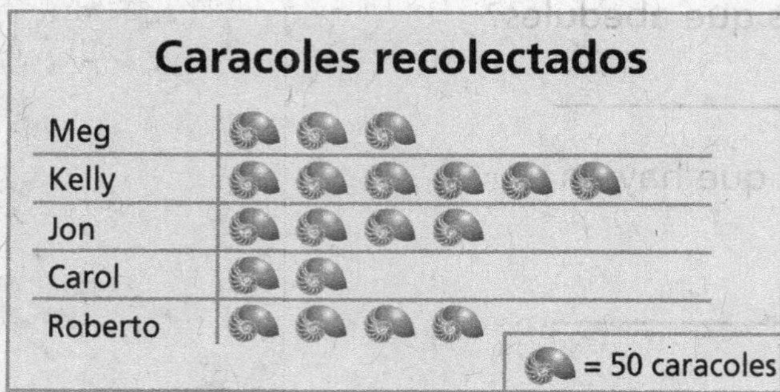

7. ¿Quién tiene más caracoles que Meg?

____

8. ¿Cuántos caracoles más recogió Jon que Carol?

____

9. ¿Cuántos caracoles recogió Kelly?

____

Resuelve los rompecabezas de factores.

10.

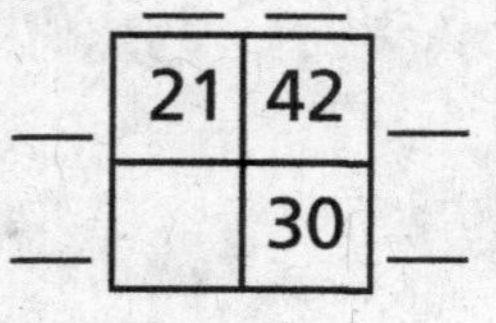

11.

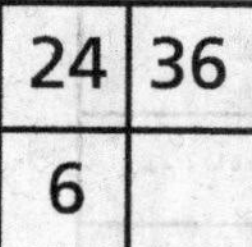

12.

10	
14	56

Haz la tarea

1. Redondea al número entero más cercano.

   a. 8.36 ______

   b. 18.7 ______

2. Redondea a la centésima más cercana.

   a. 58.635 ______

   b. 7.214 ______

3. Redondea a la décima más cercana.

   a. 24.316 ______

   b. 5.23 ______

4. Redondea a la milésima más cercana.

   a. 7.1488 ______

   b. 38.0769 ______

Copia y estima cada suma o diferencia.

5. $46.78 – $18.55

6. 12.3 + 4.7

7. 9.586 + 3.097

Resuelve.

Muestra tu trabajo.

8. Un número decimal cambió a 23.7 después de redondear. Escribe un número decimal menor que 23.7 y otro mayor que 23.7 y que cada uno se redondee a 23.7. Di el lugar al cual redondeaste cada número.

______

______

9. Cuando María redondeó 19.95 a la décima más cercana, se dio cuenta de que el número cambió a 20. ¿Es correcto? Explica.

______

10. Peter decidió que el total de $24.55 por un par de jeans y $12.25 por una camisa es $26.80. ¿Es razonable la respuesta de Peter? Explica si es o no es razonable.

______

11. Biruk quiere comprar un libro por $15.25 y otro por $4.85. Quiere pagar con un billete de $20. Haz una estimación para decidir si esto es razonable. Explica a qué valor posicional se debe redondear para hacer una estimación que sea útil en este caso.

______

______

______

Recuerda

Suma o resta.

1. 41,253,270 + 6,050

2. 14,365,024 + 7,840,993

3. 5,000,000 − 563,000

4. 35,789,630 − 2,894

5. 83,918.7 + 605.357

6. 10,250 − 4,200.24

7. 9,473.2 + 851.69

8. 756.42 − 94.51

Usa la propiedad conmutativa para despejar *n*.

9. 98,551 + 2,841 = 2,841 + *n*

n = ________

10. 65.18 + 75.43 = 75.43 + *n*

n = ________

Usa la propiedad asociativa para reagrupar los números. Luego, suma.

11. (496 + 800) + 200

____

12. 2.25 + (0.75 + 8.57)

____

Resuelve.

Muestra tu trabajo.

13. Nathaniel dice que necesita 7.5 pies de cuerda para hacer su proyecto. Kara dice que ella necesita 7.52 pies de cuerda para su proyecto. ¿Quién necesita menos cuerda? Explica por qué.

____

14. El mes pasado, para entrenarse para el maratón, Myles corrió 14.55 millas. Frances corrió 0.6 millas más que Myles. ¿Qué distancia corrió Frances el mes pasado?

____

 Nombre ______ Fecha ______

Haz la tarea

Usa la siguiente gráfica lineal para responder las preguntas.

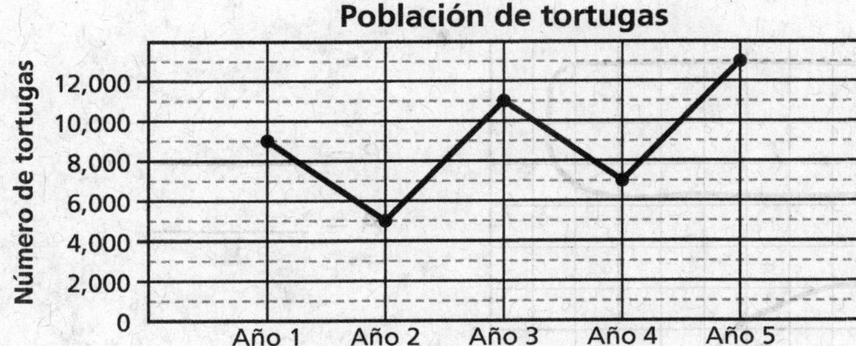

1. La gráfica muestra la población de tortugas al final de cada año durante un período de 5 años. ¿Cuál era la población de tortugas en el Año 4? ______

2. ¿Cuántas tortugas más hubo en el Año 1 que en el Año 2? ______

3. ¿En qué año fue la mayor población de tortugas? ¿Cuál fue la población de tortugas ese año?

______

Haz una gráfica lineal.

4. La tabla de la derecha muestra el inventario de cometas de una tienda al final de 4 meses. Haz una gráfica abajo que muestre una estimación del número de cometas al final de cada mes. Haz tu propia escala y ponle un título a la gráfica.

______

 Nombre ______ Fecha ______

Recuerda

Estima el área y el perímetro de cada figura. Cada lado de los cuadrados de la cuadrícula representa 1 cm.

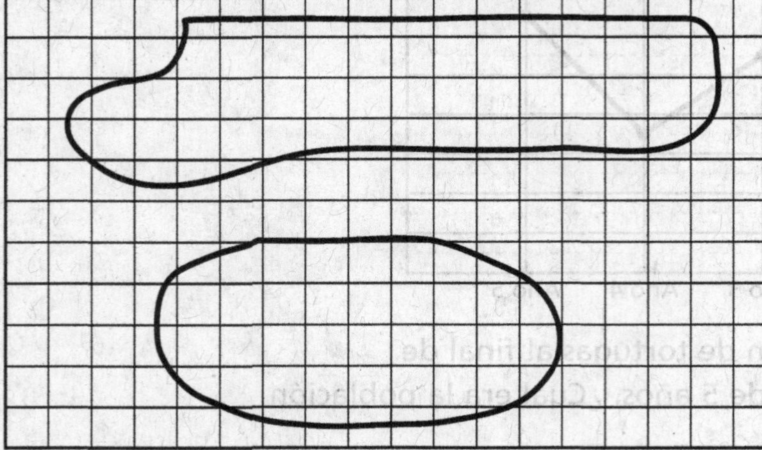

1. $P =$ ______ $A =$ ______

2. $P =$ ______ $A =$ ______

Resuelve.

Muestra tu trabajo.

3. Chris contó el número de pasos que caminó hasta la escuela. Caminó 943 pasos para llegar hasta la casa de su amigo, y luego 1,208 pasos más hasta la escuela. ¿Cuántos pasos caminó en total?

______

4. Devon cuida a dos cachorros. Uno de los cachorros pesa 8.54 libras. El otro pesa 12.39 libras. ¿Cuánto pesan en total los dos cachorros?

______

Redondea cada decimal dado al número entero más cercano, a la décima más cercana y a la centésima más cercana.

5. 14.852 ______ ______ ______

6. 7.149 ______ ______ ______

7. 912.574 ______ ______ ______

8. 23.631 ______ ______ ______

Nombre ______________________ Fecha ______________

Haz la tarea

Jamal hizo una gráfica lineal para mostrar el crecimiento semanal de una semilla de flor que sembró.

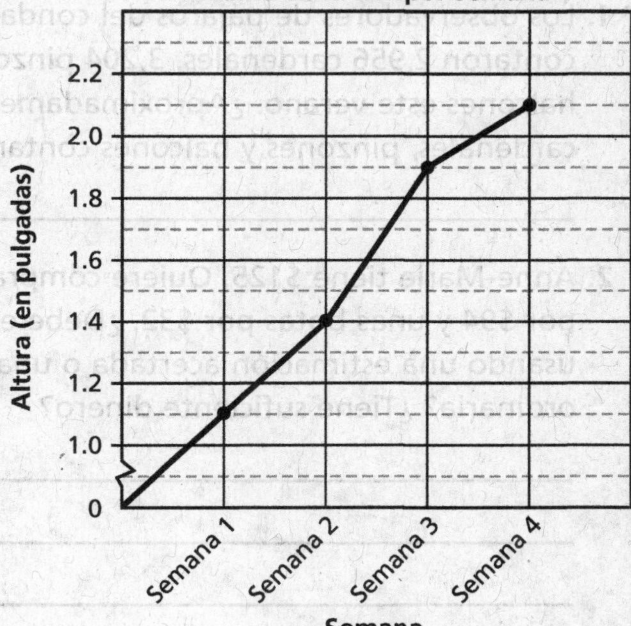

1. ¿Cuánto creció la flor en la Semana 1?

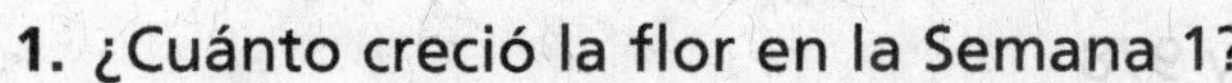

____

2. ¿Cuánto creció la flor entre las semanas 3 y 4?

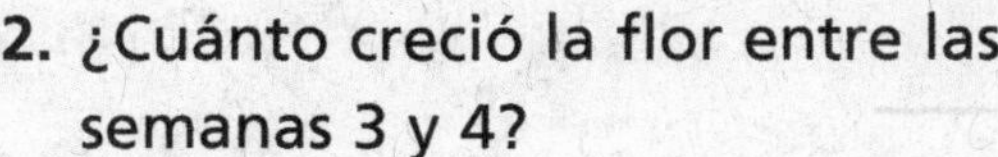

____

3. La flor alcanzó su altura máxima en la Semana 4. ¿Cuánto es lo más alto que crecerá esta flor?

____

4. ¿Cuáles fueron las dos semanas en la que más creció la flor?

____

La tabla muestra la cantidad de lluvia que cayó este mes en 4 ciudades diferentes.

Chester	0.20 cm
Creekside	0.10 cm
Merton	0.05 cm
Warner	0.25 cm

5. Haz una gráfica de barras que muestre esta información. Recuerda ponerle a tu gráfica un título y una escala.

Chester Creekside Merton Warner

 Nombre ______ Fecha ______

Recuerda

Estima.

Muestra tu trabajo.

1. Los observadores de pájaros del condado Los Pinos contaron 2,956 cardenales, 3,204 pinzones y 978 halcones este verano. ¿Aproximadamente cuántos cardenales, pinzones y halcones contaron en total?

   ______

2. Anne-Marie tiene $125. Quiere comprar una chaqueta por $94 y unas botas por $32. ¿Debe estimar el total usando una estimación acertada o una estimación ordinaria? ¿Tiene suficiente dinero?

   ______

   ______

   ______

3. La biblioteca Lightfoot tiene 31,823 libros, pero 9,625 están prestados. ¿Aproximadamente cuántos libros quedan en los estantes?

   ______

4. Una fábrica de cepillos de dientes hizo 2,461,200 cepillos eléctricos de dientes y 5,847,500 cepillos normales esta semana. ¿Aproximadamente cuántos cepillos de dientes en total hizo la fábrica?

   ______

Escribe un decimal equivalente a cada fracción.

5. $\frac{76}{100}$ ______

6. $\frac{349}{100}$ ______

7. $\frac{9}{100}$ ______

8. $\frac{5}{100}$ ______

9. $\frac{2}{10}$ ______

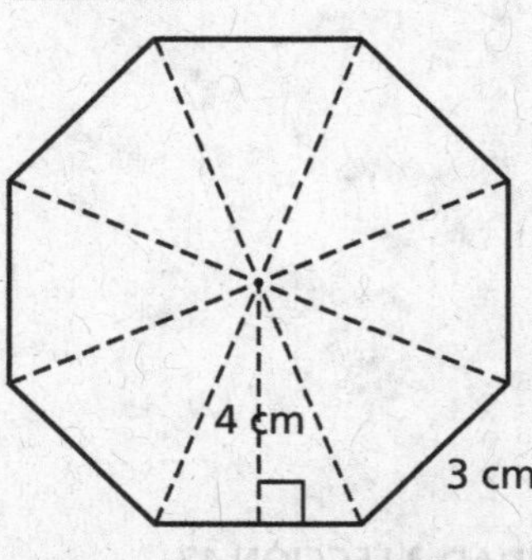

10. ¿Cuántos triángulos isósceles congruentes hay adentro del octágono regular? ______

11. ¿Cuál es el área de cada triángulo? ______

12. ¿Cuál es el área del octágono? ______

Haz la tarea

En tu Diario de matemáticas o en una hoja aparte, escribe un problema verbal para cada situación y responde las preguntas.

Situación 1

1. Escribe un problema verbal que tenga que ver con dar cambio.
2. ¿Escribiste un problema de más cambio o de menos cambio?
3. ¿Tu situación es sobre un resultado desconocido, un cambio desconocido o un inicio desconocido?

Situación 2

4. Escribe un problema verbal que tenga que ver con una colección.
5. ¿Tu situación comprende un total desconocido o un compañero desconocido?
6. ¿Tu situación se refiere a repartir, reunir o a no hacer nada?

Situación 3

7. Escribe un problema verbal que tenga que ver con comparar.
8. ¿Tu situación es sobre una diferencia desconocida o una cantidad desconocida?

Resuelve estos problemas de comparación. *Muestra tu trabajo.*

9. Camilla reunió 13 caracolas en la playa. Su amiga Sarah reunió 10 veces más. ¿Cuántas caracolas reunió Sarah? ______________________________

10. La semana pasada, Armando leyó 285 páginas de un libro. Esta semana leyó 196 páginas. ¿Cuántas páginas menos leyó esta semana? ______________________________

11. La Torre Eiffel en París mide 300 metros de altura. Es 253.5 metros más alta que la Estatua de La Libertad. ¿Cuánto mide de alto la Estatua de La Libertad? ______________________________

Recuerda

Suma o resta. Usa una hoja de papel aparte.

1. 17,092 − 3,746 = ______
2. 657.92 + 53.035 = ______
3. 62.004 − 48.65 = ______
4. 831.5 − 46.75 = ______
5. 190.98 + 256.3 = ______
6. 41.003 − 7.02 = ______
7. 24 − 0.04 = ______
8. 9.72 + 31 = ______

Usa la propiedad distributiva para escribir de nuevo las expresiones. Luego, multiplica.

9. (7 × 600) + (7 × 400)

______

10. (30 × 6) + (70 × 6)

______

Resuelve.

Muestra tu trabajo.

11. Antonia compró 6.25 yardas de tela para dos proyectos escolares. Usó 3.75 yardas en el primer proyecto. Necesita por lo menos 3 yardas para el segundo proyecto. ¿Tiene Antonia suficiente tela? Explica cómo usar una estimación para hallar la respuesta.

______

______

12. Logan tenía 5.33 libras de harina en su panadería. Compró 11.59 libras más de harina. Necesita como máximo 16 libras. ¿Tiene Logan suficiente harina? Explica cómo usar una estimación para hallar la respuesta.

______

______

______

Nombre ______ Fecha ______

Haz la tarea

Escribe una ecuación de situación y una ecuación de solución para cada problema. Luego, resuelve el problema.

1. Esta mañana había 7,149 polluelos en el gallinero. Más tarde en el día, nacieron otros polluelos. Ahora hay 8,945 polluelos en el gallinero. ¿Cuántos nuevos polluelos nacieron hoy?

______ Ecuación de situación ______ Ecuación de solución ______ Respuesta

2. La biblioteca tenía una colección grande de libros. Luego, el bibliotecario pidió 2,000 libros más. Ahora hay 12,358 libros. ¿Cuántos libros había al comienzo?

______ Ecuación de situación ______ Ecuación de solución ______ Respuesta

3. Los padres de Rosa reunieron $682 en una venta de garaje. Le pagaron por su ayuda ese día. Ahora tienen $662.25. ¿Cuánto le pagaron a Rosa sus padres?

______ Ecuación de situación ______ Ecuación de solución ______ Respuesta

4. Marco vende manzanas con caramelo en la feria estatal. Hoy vendió 957 manzanas y le quedan 1,062 por vender. ¿Con cuántas manzanas con caramelo empezó Marco?

______ Ecuación de situación ______ Ecuación de solución ______ Respuesta

Halla el número desconocido. Usa cálculo mental si puedes.

5. $80{,}000 + r = 82{,}000$ $r =$ ______

6. $0.005 + g = 0.105$ $g =$ ______

7. $r + 655 = 2{,}655$ $t =$ ______

8. $b + 0.36 = 25.36$ $b =$ ______

9. $6{,}500 = 7{,}000 - z$ $z =$ ______

10. $0.135 = 0.130 + c$ $c =$ ______

11. $f - 10{,}000 = 25{,}000$ $f =$ ______

12. $w - 2.5 = 0.3$ $w =$ ______

 Nombre ____________________ Fecha ____________

Recuerda

Nombra la unidad métrica más lógica para cada medida.

1. El ancho de este botón.

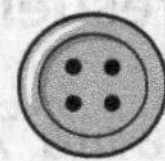

____

2. La longitud de este lápiz.

____

3. El largo de una hormiga.

____

4. El lado más largo de tu salón de clases.

____

Escribe un número entero o un número decimal para cada número en palabras.

5. ocho décimas _______________

6. veinte millones _______________

7. cinco millones diez _______________

8. sesenta y cinco mil cuatro _______________

9. doscientos cuarenta mil doce _______________

10. seiscientos cuatro mil _______________

Usa la gráfica de barras de la derecha para responder las siguientes preguntas.

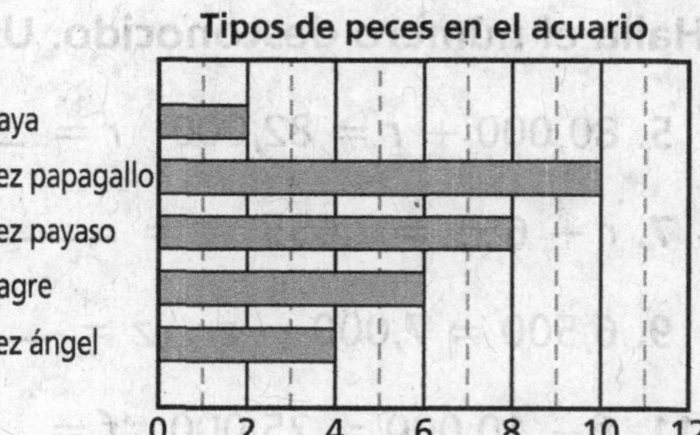

11. ¿Cuántos peces ángel hay en el acuario?

____

12. ¿Cuántos bagres y peces payaso hay juntos en el acuario?

____

 Nombre ______ Fecha ______

Haz la tarea

Resuelve. *Muestra tu trabajo.*

1. Hay 476,092 peces en el acuario de la ciudad. Ese número es 476,070 peces más de los que tiene Nadia en el acuario de su casa. ¿Cuántos peces tiene Nadia en su acuario?

   ______

2. La familia Follet viajó 2,145 millas este verano. Viajaron 1,296 millas menos que la familia García. ¿Qué distancia viajó la familia García?

   ______

3. Un muchacho de 15 años armó la casa de tarjetas más grande que se conozca. La casa tenía 15,714 tarjetas. Hoy, Michael armó una casa de tarjetas con 200 tarjetas. ¿Cuántas tarjetas más debe usar para igualar el récord?

   ______

4. María quiere comprar un carro nuevo. Escogerá entre un carro verde y uno gris. El carro verde cuesta $16,989 y el gris cuesta $1,059.75 menos que el verde. ¿Cuánto cuesta el carro gris?

   ______

5. Una panadería ha horneado 5,285 panes de molde este año. Ese número es 200 panes más que el año pasado. ¿Cuántos panes de molde horneó la panadería el año pasado?

   ______

Halla el número desconocido. Usa cálculo mental si puedes.

6. $80{,}000 - q = 60{,}000$ $q =$ ______
7. $0.003 + p = 0.403$ $p =$ ______
8. $t - 8{,}500 = 9{,}000$ $t =$ ______
9. $b + 0.005 = 0.015$ $b =$ ______
10. $7{,}000{,}000 = 7{,}000{,}020 - z$ $z =$ ______
11. $37.96 = 39.96 - c$ $c =$ ______
12. $f - 986 = 12{,}000$ $f =$ ______
13. $w - 0.5 = 16$ $w =$ ______

 Nombre ______________________ Fecha ____________

Recuerda

Escribe una ecuación de situación y una ecuación de solución para cada caso. Luego, resuelve el problema.

1. Había 761 excursionistas en el parque de camping. Algunos excursionistas regresaron a sus casas. ¿Si en el parque de camping quedaron 659 excursionistas, cuántos regresaron a su casa?

______________ ______________ ______________

Ecuación de situación Ecuación de solución Respuesta

2. El número de estudiantes matriculados en la Escuela de la Calle Olmo es de 1,356 estudiantes después de la llegada de 143 estudiantes nuevos. ¿Cuántos estudiantes había matriculados antes de que llegaran los estudiantes nuevos?

______________ ______________ ______________

Ecuación de situación Ecuación de solución Respuesta

3. April vendió 200 estampillas de su colección. Ahora tiene 2,250 estampillas. ¿Cuántas estampillas tenía en su colección antes de vender?

______________ ______________ ______________

Ecuación de situación Ecuación de solución Respuesta

Redondea al millar más cercano.

4. 4,195 ________ **5.** 9,947 ________

6. 14,861 ________ **7.** 21,253 ________

Redondea al millón más cercano.

8. 7,956,122 ____________ **9.** 2,305,472 ____________

10. 19,037,513 ____________ **11.** 31,894,567 ____________

Completa.

12. 48 pulg = _____ pies **13.** 36 pies = _____ yd **14.** 7 yd = _____ pies

15. 3 yd = _____ pulg **16.** 2 pies = _____ pulg **17.** 36 pulg = _____ yd

 Nombre ______ Fecha ______

Haz la tarea

Completa uno o más pasos para resolver cada problema. *Muestra tu trabajo.*

1. El precio normal de un artículo es $9,985. El precio de promoción del artículo es $9,575. ¿Cuál es la diferencia entre el precio de promoción y el precio normal de 10 artículos?

   ______

2. La familia Stein piensa manejar 125.7 millas desde Middletown. Manejan 62.5 millas pero tienen que regresar 10.2 millas por algo que olvidaron en un restaurante. ¿A qué distancia está el restaurante de Middletown?

   ______

3. Una fábrica de juguetes hizo 15,000 juguetes y los empacó en cajas de 10 juguetes por caja. La fábrica cargó 1,275 cajas en el camión de repartos. ¿Cuántas cajas de juguetes no fueron cargadas en el camión?

   ______

Si el siguiente problema tiene información que sobra, táchala. Si le falta información, di qué información hace falta y agrega otra información que falte. Luego resuelve cada problema.

4. Jillian ahorró $125.67 para comprar un equipo de sonido. El equipo cuesta $175 y una televisión cuesta $295. Jillian cuidó niños durante 4 horas esta semana y ganó $7 la hora. ¿Cuánto dinero le hace falta para comprar el equipo de sonido?

   ______

   ______

5. Michael corrió el maratón para recolectar fondos para su beneficencia preferida. Cada patrocinador acordó pagar $2 por cada milla recorrida. Michael consiguió 6 patrocinadores. ¿Cuánto dinero reunió?

   ______

   ______

   ______

   ______

Nombre ______ Fecha ______

Recuerda

Redondea al 10,000 más cercano y al 1,000 más cercano.

1. 11,287 ______ ______ **2.** 45,732 ______ ______

3. 9,674 ______ ______ **4.** 89,135 ______ ______

Resuelve. *Muestra tu trabajo.*

5. El año pasado, el árbol bonsái de Paco medía 6.75 centímetros de altura. Hoy mide 8.40 centímetros de altura. ¿Cuánto ha crecido el árbol?

______

6. Esta mañana la temperatura exterior era de 12.5°C. Al mediodía era 3.7 grados más caliente. ¿Cuál era la temperatura al mediodía?

______

7. Una semilla de tomate mide aproximadamente 0.295 centímetros de largo. Una semilla de pepino mide aproximadamente 0.38 centímetros de largo.

¿Qué semilla es más corta? ______

¿Cuánto más corta? ______

8. La mesa de comedor de los Harrison con la extensión mide 2.55 metros de largo. Sin la extensión, la mesa mide 2.25 metros de largo.

¿Cuánto mide la extensión? ______

9. El perímetro de un triángulo equilátero es 45 pulgadas. Un rectángulo cuyo ancho es $\frac{1}{3}$ de su largo, tiene un perímetro de 48 pulgadas. ¿Qué figura tiene el lado *más largo?* Explica.

______

______

______

______

______

______

______

Nombre ______________________ Fecha ______________

Haz la tarea

1. Conexiones. Lorenzo es vendedor de propiedades y quiere pertenecer al Club del Millón de Dólares. Para poder entrar, tiene que alcanzar por lo menos $1 millón en ventas. Hasta ahora, Lorenzo ha vendido tres propiedades por $256,900, $373,100 y $284,400. ¿Cómo puedes saber rápidamente si estas ventas le permitirán ingresar al Club? Si no, ¿cuánto más tiene que vender?

2. Representación. Susan tiene una tienda de tarjetas. Ella lleva un registro del número de tarjetas que vende todos los meses del año. Luego, hace una gráfica lineal para graficar la información que tiene. Explica lo que mostraba su gráfica y cómo puede usar los datos.

3. Comunicación. Hanna compró 4 lápices por 9¢ cada uno, dos cuadernos de notas por $1.58 cada uno y una resma de papel por $3.17. Pagó con $10 y recibió $3.58 de cambio. ¿Recibió el cambio correcto? Si no, identifica la cantidad correcta y di cuál fue el error.

4. Razonamiento y prueba. ¿Puedes dibujar un cuadrado que tenga un área y perímetro diferentes, por ejemplo un área de 16 m^2 y un perímetro de 20 m? Explica tu respuesta.

 Nombre Fecha

Recuerda

Usa el número 149,578.324 en los ejercicios 1–6.

1. Aumenta el número en 5 centésimas.

2. Disminuye el número en cien mil.

3. Disminuye el número en 4 decenas.

4. Aumenta el número en ciento trece milésimas.

Resuelve.

5. La semana pasada, Jillian manejó 113.4 millas y 49.67 millas. Hasta ahora en esta semana, Jillian ha manejado 152.89 millas. ¿Cuántas millas más tendrá que manejar esta semana para igualar el número de millas que manejó la semana pasada?

Escribe una ecuación de situación y una ecuación de solución. Luego, resuelve.

6. La beneficencia organizó un banquete para recaudar fondos. Después de pagar \$1,796 en gastos del dinero recaudado, a la beneficencia le quedaron \$4,853. ¿Cuánto recolectó en total con el banquete?

Ecuación de situación Ecuación de solución Respuesta

7. Skyler compró 214 tarjetas de béisbol más en el mercado de las pulgas. Ahora tiene 567 tarjetas de béisbol en su colección. ¿Cuántas tarjetas de béisbol tenía antes de comprar en el mercado de las pulgas?

Ecuación de situación Ecuación de solución Respuesta

 Nombre ______ **Fecha** ______

Haz la tarea

1. Usa tu regla. Dibuja dos líneas que se intersecan. Rotula las líneas y su punto de intersección.

2. Nombra todas las líneas en tu dibujo.

______

3. Nombra cuatro rayos en tu dibujo.

______

4. Nombra cuatro ángulos en tu dibujo.

______

5. Nombra dos pares de ángulos verticales formados por las líneas secantes siguientes.

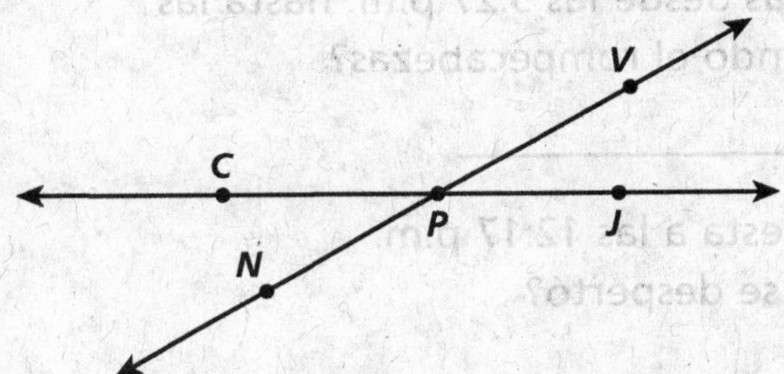

Usa este diagrama en los ejercicios 6–9.

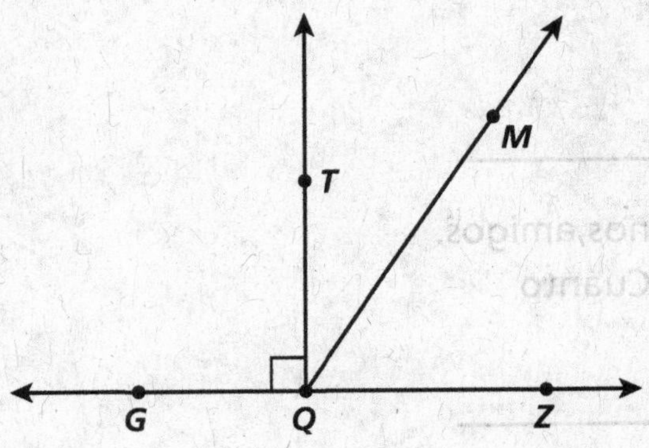

6. ¿Qué ángulos son complementarios?

______

7. ¿Qué ángulos son suplementarios?

______

8. ¿Qué ángulo es un ángulo recto?

______

9. ¿Qué ángulos son ángulos rectos?

______

Nombre ______ Fecha ______

Recuerda

Resuelve.

1. $28 \div 4 =$ ______ **2.** $2 \times 9 =$ ______ **3.** $54 \div 6 =$ ______ **4.** $8 \times 0 =$ ______

5. $5 \times 5 =$ ______ **6.** $63 \div 7 =$ ______ **7.** $3 \times 4 =$ ______ **8.** $20 \div 5 =$ ______

9. $81 \div 9 =$ ______ **10.** $12 \times 1 =$ ______ **11.** $15 \div 3 =$ ______ **12.** $6 \times 5 =$ ______

13. $3 \times 7 =$ ______ **14.** $18 \div 2 =$ ______ **15.** $7 \times 6 =$ ______ **16.** $45 \div 9 =$ ______

17. $80 \div 8 =$ ______ **18.** $4 \times 8 =$ ______ **19.** $0 \div 4 =$ ______ **20.** $9 \times 1 =$ ______

21. Ah Lam y George armaron un rompecabezas desde las 5:27 p.m. hasta las 7:11 p.m. ¿Cuánto tiempo trabajaron armando el rompecabezas?

______

22. El hermanito bebé de Deacon empezó la siesta a las 12:17 p.m. Durmió 2 horas y 12 minutos. ¿A qué hora se despertó?

______

23. Rebecca y sus amigas terminaron de ver la película a las 2:25 p.m. La película duró 1 hora y 43 minutos. ¿A qué hora comenzaron a ver la película?

______

24. La familia Díaz salió a las 10:43 a.m. a visitar a unos amigos. Llegaron a la casa de sus amigos a la 1:09 p.m. ¿Cuánto tiempo duró el viaje?

______

 Nombre ______ Fecha ______

Haz la tarea

Completa cada enunciado.

1. La suma total de las medidas de los ángulos de un ______ siempre es 180°.

2. La suma total de las medidas de los ángulos de un ______ siempre es 360°.

Escribe la medida del ángulo desconocido.

3.
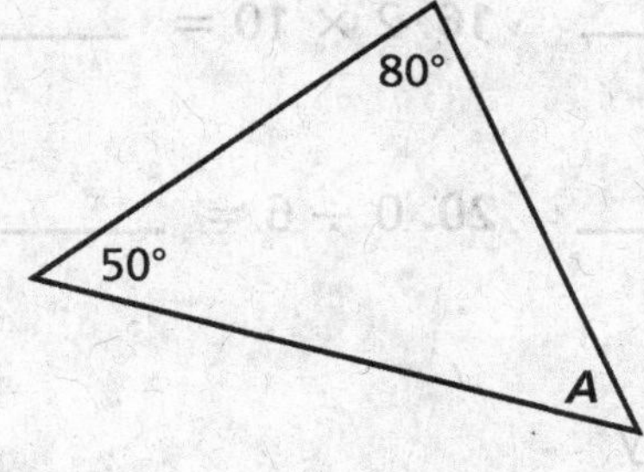

______

4.
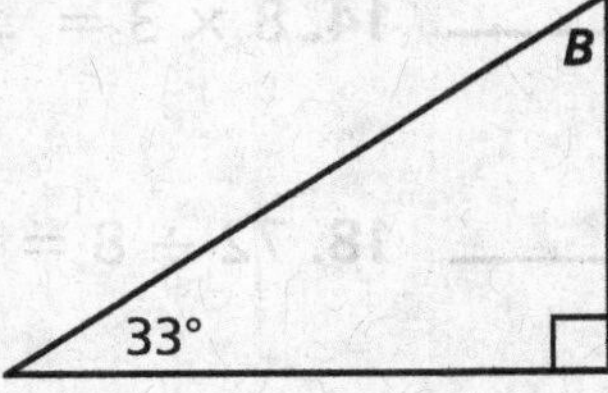

______

5.
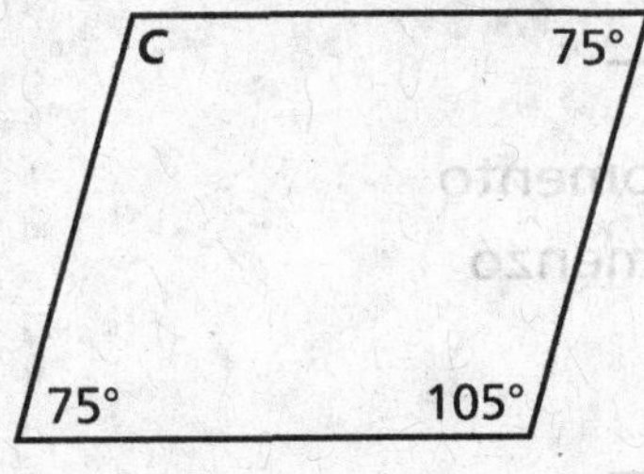

______

6.
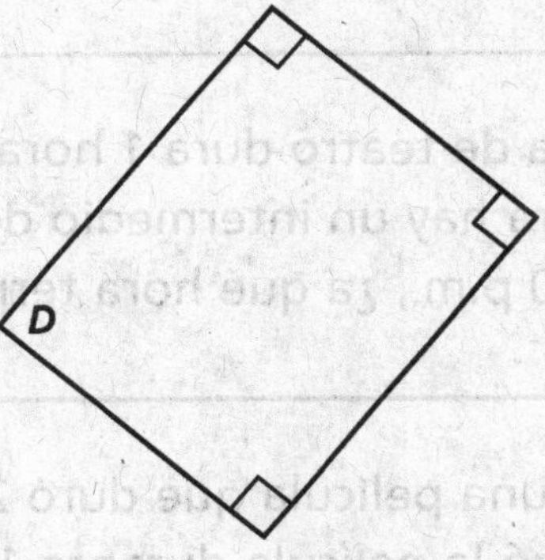

______

7. La medida de uno de los ángulos de un triángulo isósceles es 100°. ¿Cuánto miden los otros dos ángulos?

______

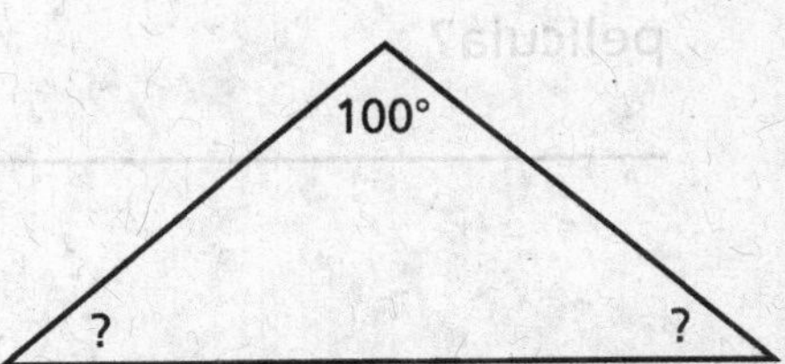

8. Dos ángulos de un paralelogramo miden cada uno 80°. ¿Cuánto miden los otros dos ángulos?

______

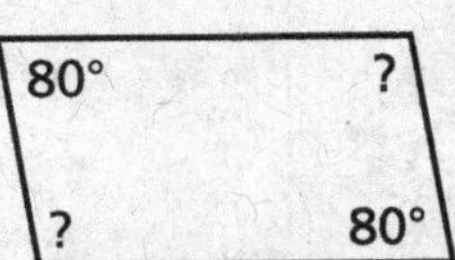

4–2 **Nombre** ______________________ **Fecha** __________

Recuerda

Resuelve.

1. $2 \times 3 =$ _____	**2.** $77 \div 7 =$ _____	**3.** $8 \times 6 =$ _____	**4.** $10 \div 1 =$ _____
5. $49 \div 7 =$ _____	**6.** $10 \times 4 =$ _____	**7.** $4 \div 2 =$ _____	**8.** $7 \times 0 =$ _____
9. $4 \times 4 =$ _____	**10.** $64 \div 8 =$ _____	**11.** $1 \times 3 =$ _____	**12.** $12 \div 3 =$ _____
13. $10 \div 2 =$ _____	**14.** $8 \times 3 =$ _____	**15.** $6 \div 1 =$ _____	**16.** $2 \times 10 =$ _____
17. $11 \times 1 =$ _____	**18.** $72 \div 8 =$ _____	**19.** $7 \times 5 =$ _____	**20.** $0 \div 6 =$ _____

21. Los Smith caminaron por un sendero que decía "2 horas y 30 minutos". Descansaron 20 minutos. Si llegaron al final del sendero a las 5:15 p.m., ¿a qué hora comenzaron la caminata?

____

22. Una obra de teatro dura 1 hora y 56 minutos. En cierto momento de la obra hay un intermedio de 15 minutos. Si la obra comenzó a las 4:30 p.m., ¿a qué hora terminó?

____

23. Kuri vio una película que duró 2 horas y 13 minutos. Ella apagó la película durante 17 minutos. Si empezó a verla a las 11:30 a.m., ¿a qué hora terminó la película?

____

 Nombre Fecha

Haz la tarea

En cada fila, encierra en un círculo todas las figuras que parezcan congruentes.

1.

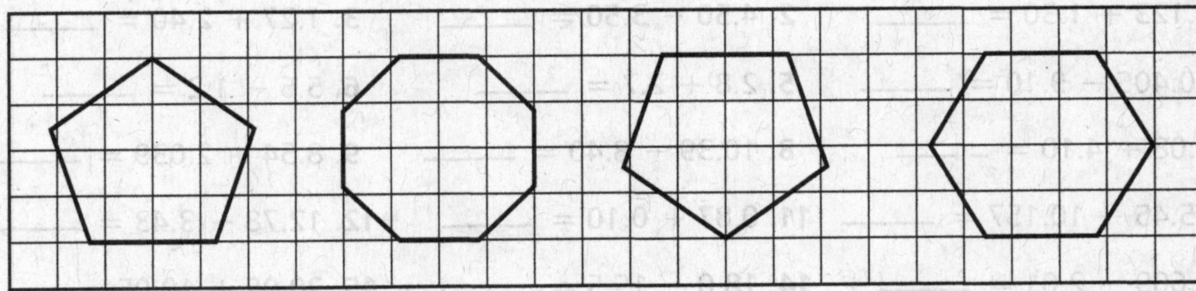

2.

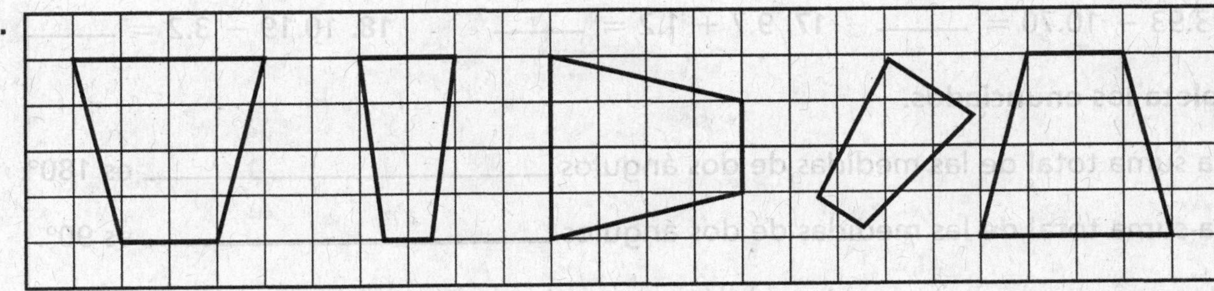

3.

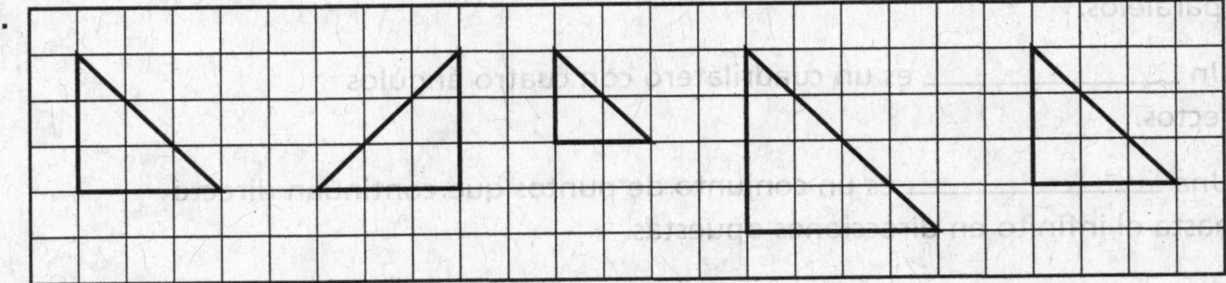

Escribe *siempre*, *a veces* o *nunca* para completar cada enunciado.

4. Los cuadriláteros ________ tienen exactamente dos ángulos congruentes.

5. Los cuadriláteros ________ tienen exactamente tres ángulos congruentes.

6. Dibuja una figura que sea congruente con la figura de abajo.

Recuerda

Resuelve.

1. 0.123 + 1.30 = ______
2. 4.50 − 3.50 = ______
3. 1.27 + 2.40 = ______
4. 10.405 − 9.10 = ______
5. 2.8 + 2.7 = ______
6. 5.6 − 1.2 = ______
7. 3.08 + 4.10 = ______
8. 10.39 − 8.40 = ______
9. 8.54 + 2.039 = ______
10. 15.45 − 10.157 = ______
11. 0.87 + 0.10 = ______
12. 12.78 − 3.43 = ______
13. 7.609 − 2.01 = ______
14. 18.0 − 15.5 = ______
15. 20.05 + 10.05 = ______
16. 13.93 − 10.70 = ______
17. 9.7 + 1.2 = ______
18. 10.19 − 3.2 = ______

Completa los enunciados.

19. La suma total de las medidas de dos ángulos ______ es 180°.
20. La suma total de las medidas de dos ángulos ______ es 90°.
21. Un ______ es un cuadrilátero con dos pares de lados paralelos.
22. Un ______ es un cuadrilátero con cuatro ángulos rectos.
23. Una ______ es un conjunto de puntos que continúan directo hasta el infinito en direcciones opuestas.
24. Un ______ es parte de una línea que comienza en un punto extremo y se extiende infinitamente en una dirección.
25. Dos rayos que comparten el mismo punto extremo forman un ______.

Escribe cierto o falso.

26. Las medidas de los cuatro ángulos de un cuadrilátero pueden ser diferentes. ______.
27. Un rayo se extiende infinitamente en ambas direcciones. ______
28. Un polígono tiene lados que son segmentos. ______.

Haz la tarea

Se da la medida de cada ángulo sombreado. Escribe la medida de cada ángulo que no está sombreado.

1.

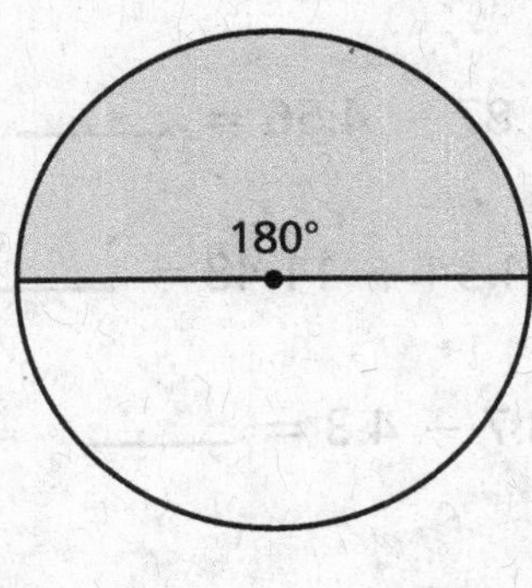

____

2.

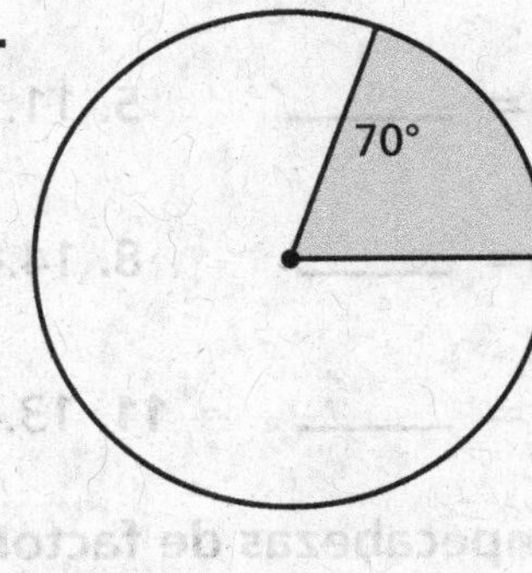

____

3.

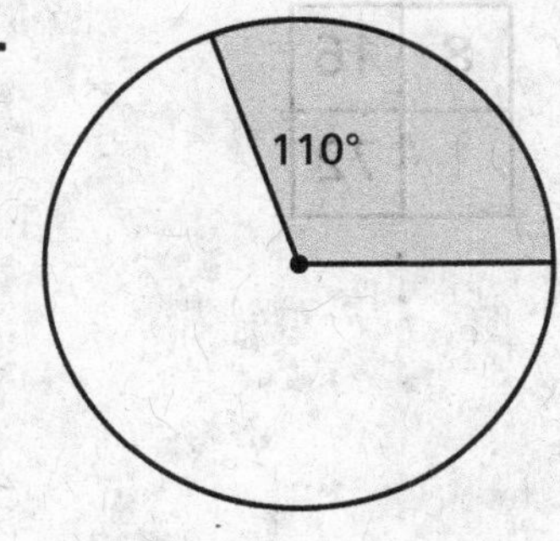

____

4.

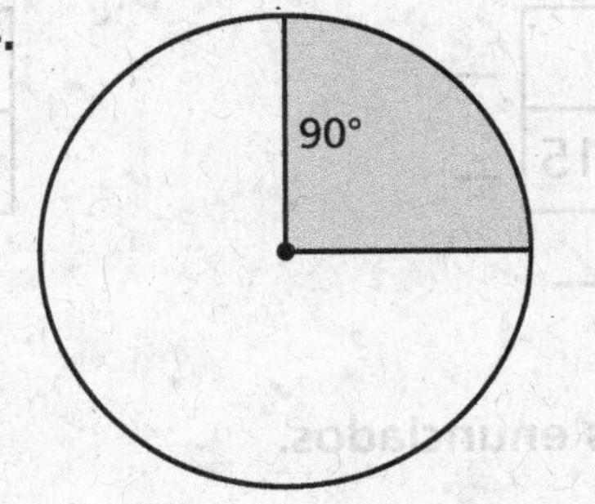

____

5. Dibuja la figura después de una rotación de 180° en el sentido de las manecillas del reloj.

6. Dibuja la figura después de una rotación de 90° en el sentido contrario a las manecillas del reloj.

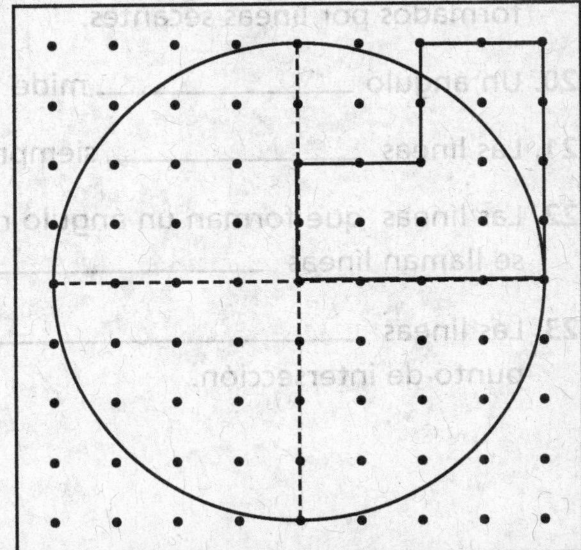

Recuerda

Resuelve.

1. 4.09 + 4.38 = ______
2. 5.6 − 1.8 = ______
3. 16.0 + 2.316 = ______
4. 3.34 + 9.01 = ______
5. 11.70 − 10.358 = ______
6. 8.87 − 4.56 = ______
7. 0.43 + 1.07 = ______
8. 14.4 − 6.2 = ______
9. 14.34 + 11.48 = ______
10. 7.40 + 1.93 = ______
11. 13.4 − 6.28 = ______
12. 8.7 − 4.3 = ______

Resuelve los rompecabezas de factores.

13.

	___	___	
___	72		___
___	27	15	___
	___	___	

14.

	6
28	8

15.

8	16
	72

Completa los enunciados.

16. Un ángulo ______________ mide 180°.
17. Un ángulo ______________ mide menos de 90°.
18. Un ángulo ______________ mide más de 90° y menos de 180°.
19. Los ángulos ______________ son pares de ángulos opuestos y congruentes formados por líneas secantes.
20. Un ángulo ______________ mide 90°.
21. Las líneas ______________ siempre están a la misma distancia una de otra.
22. Las líneas que forman un ángulo recto en su punto de intersección se llaman líneas ______________ .
23. Las líneas ______________ forman ángulos obtusos o agudos en su punto de intersección.

Haz la tarea

1. En el espacio de abajo, dibuja una figura que tenga por lo menos un eje de simetría.

Mira estas letras del alfabeto.

A B C D E F G H I J K L M
N O P Q R S T U V W X Y Z

2. ¿Qué letras tienen simetría axial?

3. ¿Qué letras tienen simetría rotacional?

4. ¿Qué letras tienen simetría axial y simetría rotacional?

4–5 Nombre _______________ Fecha _______________

Recuerda

Resuelve el número desconocido.

1. $1.4 + a = 5.7$ _____ **2.** $e - 1 = 1.75$ _____ **3.** $b + 0.25 = 1$ _____

4. $2.54 - m = 1.50$ _____ **5.** $5.6 + c = 6.0$ _____ **6.** $n - 3.7 = 1.7$ _____

7. $p + 10.01 = 10.45$ _____ **8.** $3.9 - d = 1.2$ _____ **9.** $0.5 + s = 0.8$ _____

10. $t - 4.13 = 0.40$ _____ **11.** $y + 0.8 = 4.1$ _____ **12.** $5.87 - h = 4.33$ _____

13. $7.4 + r = 9.5$ _____ **14.** $f - 9.7 = 4.3$ _____ **15.** $x + 1.88 = 4.91$ _____

16. $8.69 - g = 5.82$ _____ **17.** $10.04 + k = 11.00$ _____ **18.** $w - 5.0 = 11.73$ _____

19. ¿Cuál es la medida de la base de un triángulo que mide 8 centímetros de altura y un área de 24 centímetros cuadrados? Explica tu razonamiento.

____

____

____

____

20. ¿Cuál es la medida del largo de un rectángulo que mide 2 metros de ancho y que tiene un perímetro de 14 metros? Explica tu razonamiento.

____

____

____

____

Redondea cada decimal al número entero más cercano.

21. 12.3 _____ **22.** 25.6 _____ **23.** 19.8 _____

24. 10.45 _____ **25.** 99.9 _____ **26.** 100.09 _____

27. 41.67 _____ **28.** 35.70 _____ **29.** 50.51 _____

Haz la tarea

Usa la gráfica circular para responder las preguntas 1 a 3.

1. ¿Según la gráfica, qué tipo de día se presenta con la misma frecuencia?

____

2. ¿Si estuvieras en Honolulu durante diez días, cuántos días esperarías que fueran parcialmente nublados? Explica tu razonamiento.

____

3. De 365 días que tiene un año, ¿cuántos días soleados esperarías en Honolulu? ¿Cómo lo sabes?

____

4. Anoche Sharise estudió durante 60 minutos. La tabla de abajo muestra las materias que estudió y el tiempo que le dedicó a cada materia. Muestra los datos en esta gráfica circular.

Tiempo de estudio	
Materia	**Tiempo**
Ciencias	20 minutos
Lectura	30 minutos
Ortografía	10 minutos

 Nombre ______________________ Fecha ____________

Recuerda

Usa la gráfica lineal para resolver cada pregunta.

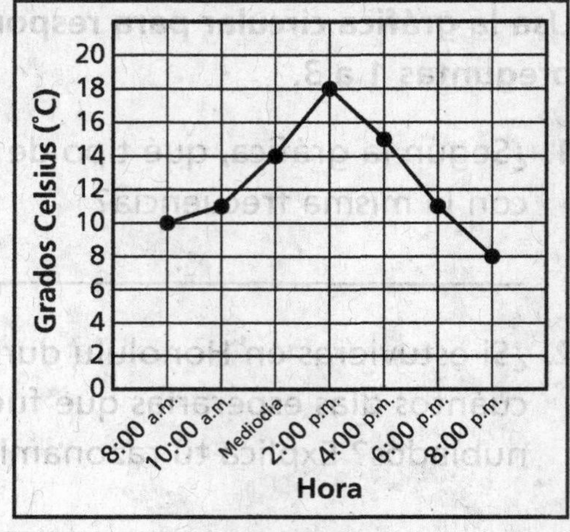

1. ¿Cuál era la temperatura a las 10:00 a.m.? ______
2. ¿Cuál era la temperatura al mediodía? ______
3. ¿Cuál era la temperatura a las 4:00 p.m.? ______
4. ¿A qué hora hacía 18°C de temperatura? ______
5. ¿Cuál es la temperatura más alta? ______
6. ¿Cuál es la temperatura más baja? ______

Halla el perímetro de cada figura.

7. 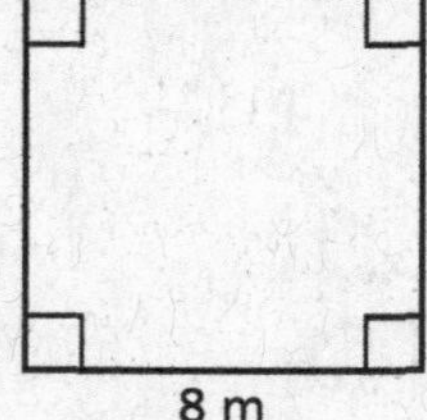

8. 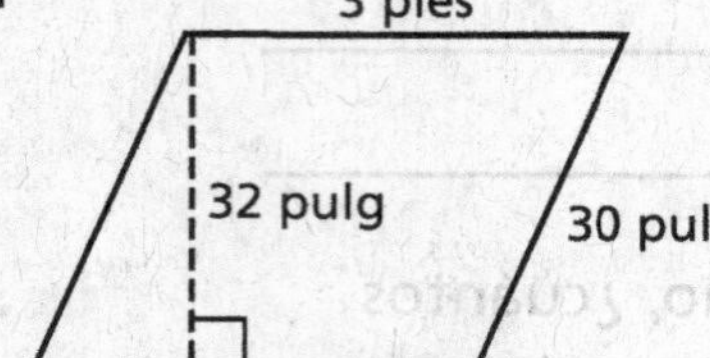

9. 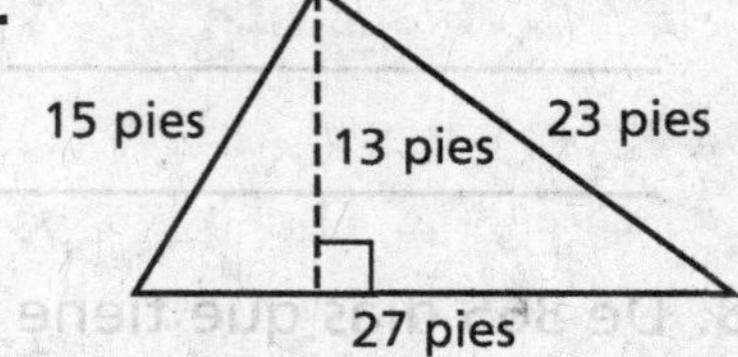

______________ ______________ ______________

10. ¿Cuál es la medida de los lados de un cuadrado que tiene un área de 49 centímetros? Explica tu razonamiento.

____

____

____

11. ¿Cuál es la medida de la base de un triángulo cuyos lados miden 3 metros y 2 metros de longitud, y cuyo perímetro es de 9 metros? Explica tu razonamiento.

____

____

____

Haz la tarea

Usa las medidas dadas para estimar la circunferencia de cada círculo. Usa 3 para π.

1.

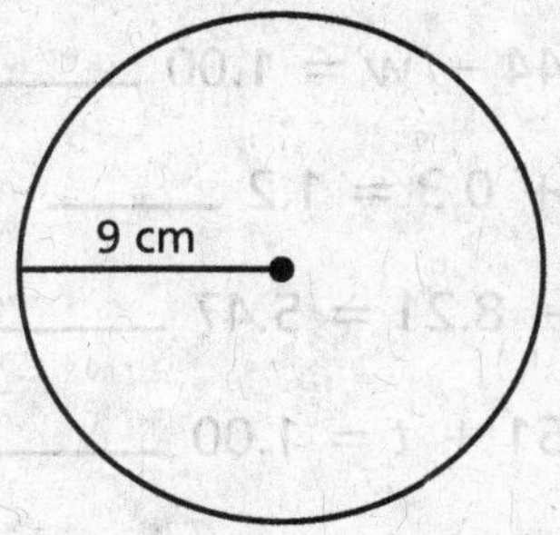

2.

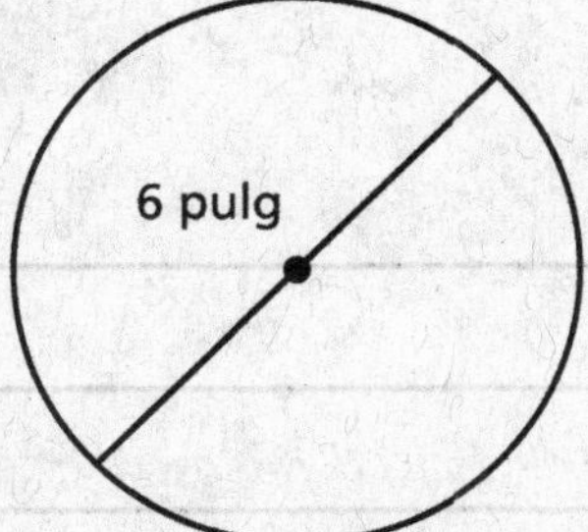

3.

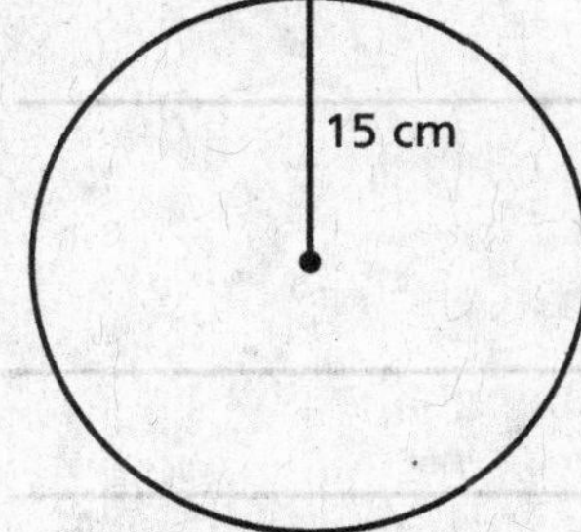

4. La circunferencia de un círculo es 24 metros. ¿Aproximadamente cuánto es el diámetro del círculo?

5. La circunferencia de un círculo es 30 pulgadas. ¿Aproximadamente cuánto mide el radio de ese círculo?

Nombre ______________________ Fecha ______________

Recuerda

Resuelve el número desconocido.

1. $z + 0.02 = 0.94$ ______
2. $12.4 - b = 8.5$ ______
3. $3.46 + d = 4.10$ ______
4. $p - 8.0 = 4.9$ ______
5. $m + 0.57 = 0.61$ ______
6. $2.44 - w = 1.00$ ______
7. $14.1 + e = 16.0$ ______
8. $n - 3.00 = 7.29$ ______
9. $a + 0.3 = 1.2$ ______
10. $8.56 - h = 2.50$ ______
11. $4.4 + h = 5.5$ ______
12. $s - 8.21 = 5.47$ ______
13. $r + 14.1 = 18.7$ ______
14. $7.8 - x = 6.9$ ______
15. $0.51 + t = 1.00$ ______
16. $y - 0.4 = 0.1$ ______
17. $c + 7.16 = 9.01$ ______
18. $1.32 - f = 0.74$ ______

Halla el área de cada región sombreada. Explica tu razonamiento.

19.

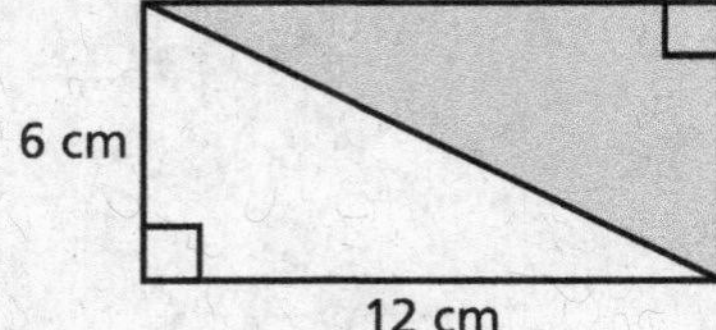

____

20.

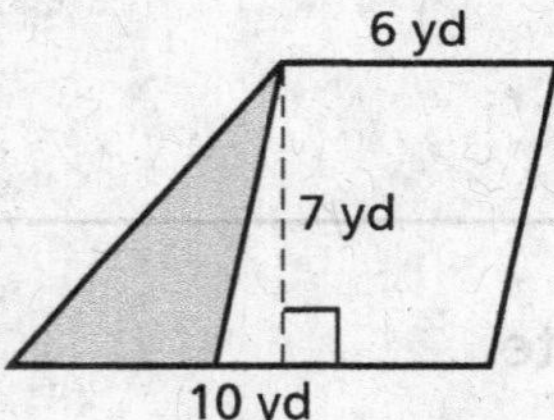

____

21.

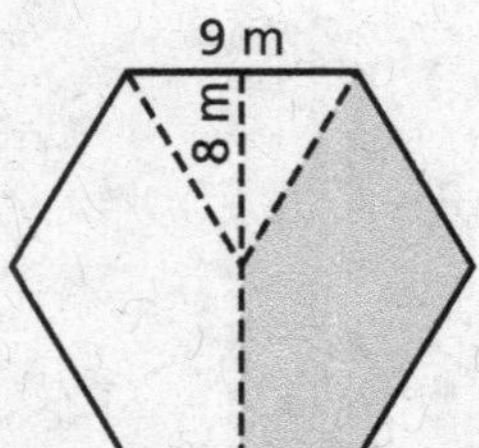

____

 Nombre ______________________ **Fecha** ______

Haz la tarea

Escribe una ecuación que muestre el total de las fracciones unitarias. Cada barra representa un entero.

1.

$\frac{1}{6}$	$\frac{1}{6}$	$\frac{1}{6}$	$\frac{1}{6}$	$\frac{1}{6}$	$\frac{1}{6}$

____

2.

$\frac{1}{5}$	$\frac{1}{5}$	$\frac{1}{5}$	$\frac{1}{5}$	$\frac{1}{5}$

____

Escribe una ecuación que muestre el total de las partes encerradas en círculos.

3. 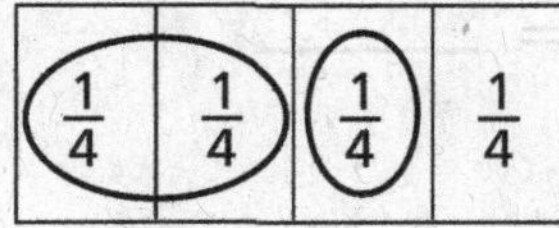

____

4. 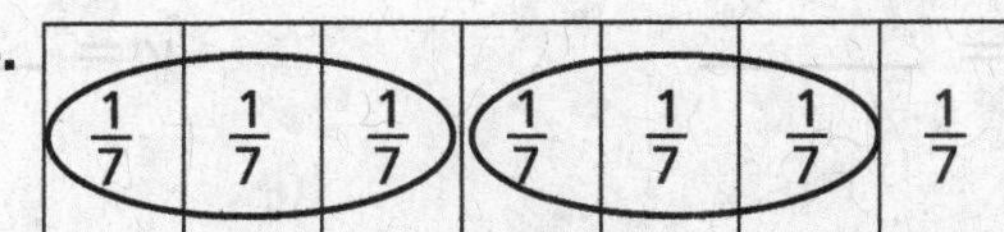

____

Suma.

5. $\frac{1}{8} + \frac{4}{8} =$ ______

6. $\frac{2}{7} + \frac{3}{7} =$ ______

7. $\frac{3}{9} + \frac{2}{9} + \frac{1}{9} + \frac{2}{9} =$ ______

8. Encierra en un círculo las fracciones unitarias.

$\frac{1}{8}$ $\frac{2}{7}$ $\frac{8}{9}$ $\frac{1}{6}$ $\frac{2}{3}$ $\frac{1}{2}$

9. Ponle sombrero a $\frac{3}{5}$ de las cabezas.

10. Este vagón es $\frac{1}{5}$ de todo el tren. Usa rectángulos para dibujar todo el tren.

Usa la gráfica circular para responder las preguntas 11 a 12.

11. ¿Qué fracción de las prendas de vestir son gorros? ______________

12. ¿Qué fracción de las prendas de vestir son camisetas? ______________

13. Practiqué fútbol durante $\frac{1}{4}$ de hora y vóleibol durante $\frac{2}{4}$ de hora. ¿Durante qué fracción de una hora practiqué? ______________

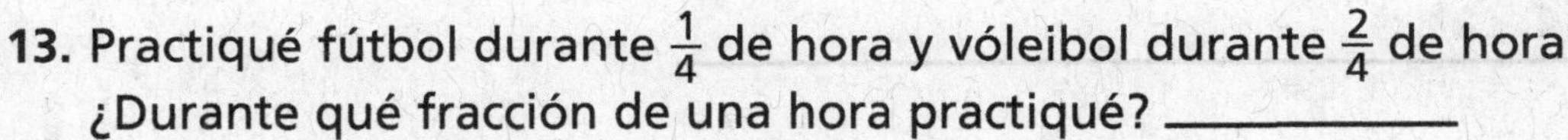

14. El piso de la terraza tiene 9 tablas idénticas. Jody pintó 4 tablas y Chris pintó 3 tablas. ¿Qué fracción del piso han pintado hasta ahora? ______________

Nombre ____________ Fecha ____________

Recuerda

Halla los números desconocidos.

1. $3d = 21$

$d =$ ______

2. $4d + 1 = 17$

$d =$ ______

3. $z = (8 \times 8) + (2 \times 5)$

$z =$ ______

4. $7 \times (6 + 3) = t$

$t =$ ______

5. $63 \div s = 7$

$s =$ ______

6. $\frac{1}{6}k = 8$

$k =$ ______

7. $32 + p = 40$

$p =$ ______

8. $v \div 7 = 56$

$v =$ ______

9. $4r - 4 = 8$

$r =$ ______

Halla el perímetro y el área.

10.

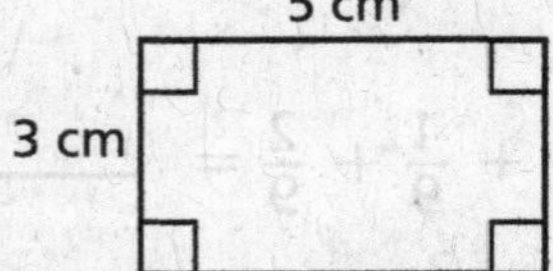

$P =$ ____________

$A =$ ____________

11.

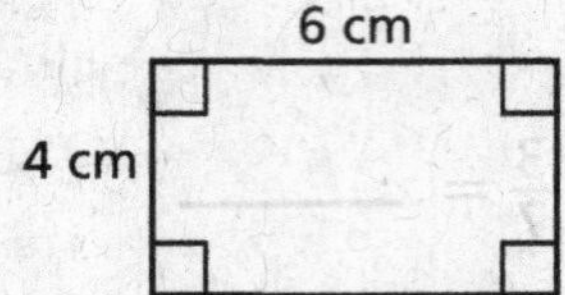

$P =$ ____________

$A =$ ____________

12.

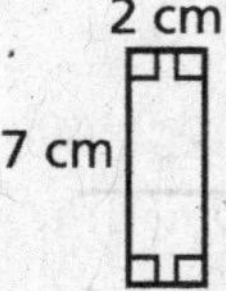

$P =$ ____________

$A =$ ____________

Resuelve. *Muestra tu trabajo.*

13. Un grupo de científicos descubrió 9 huellas de estegosaurio y 6 veces más huellas de tiranosaurio. ¿Cuántas huellas de saurios hallaron en total?

____

14. Los científicos descubrieron 21 huevos de tiranosaurio. Algunos estaban rotos. Había 6 veces más huevos completos que huevos rotos. ¿Cuántos huevos estaban completos?

____

 Nombre ______ Fecha ______

Haz la tarea

Encierra en un círculo la fracción mayor. Luego, escribe el símbolo correcto (> ó <) entre las fracciones.

1. $\frac{1}{3}$ $\frac{1}{4}$ **2.** $\frac{1}{9}$ $\frac{1}{7}$ **3.** $\frac{1}{98}$ $\frac{1}{99}$

4. $\frac{5}{7}$ 1 **5.** 1 $\frac{7}{8}$ **6.** 1 $\frac{51}{52}$

7. $\frac{5}{6}$ $\frac{4}{6}$ **8.** $\frac{51}{68}$ $\frac{53}{68}$ **9.** $\frac{2}{5}$ $\frac{2}{8}$

10. $\frac{1}{10}$ $\frac{1}{2}$ **11.** $\frac{9}{10}$ $\frac{9}{100}$ **12.** $\frac{3}{5}$ $\frac{3}{4}$

Muestra tu trabajo.

13. Claire y Ramona tienen una banana cada una del mismo tamaño. Claire corta la suya en cuartos. Ramona corta la suya en sextos. ¿Quién tiene los pedazos más grandes de banana?

______

14. Jorge recorrió en su bicicleta $\frac{2}{5}$ de milla. Andrew recorrió $\frac{3}{5}$ de milla en la suya. ¿Quién recorrió más distancia?

______

15. En un partido de básquetbol, Tessa anotó $\frac{1}{10}$ de los puntos, Erica anotó $\frac{1}{12}$ de los puntos y Kenya anotó $\frac{1}{9}$ de los puntos. ¿Quién anotó más puntos?

______

16. Tony y Kurt están leyendo el mismo libro. Tony ha leído $\frac{136}{200}$ del libro. Kurt ha leído $\frac{124}{200}$ del libro. ¿Quién ha leído más?

______

Recuerda

Resuelve los rompecabezas de factores.

1.

	___	___	
___	7		___
___	28	36	___
	___	___	

2.

	5
16	8

3.

40	56
	35

4.

12	14
60	

5.

3	
18	24

6.

	21
20	35

7.

16	32
	24

8.

40	55
32	

Halla el perímetro y el área.

9.

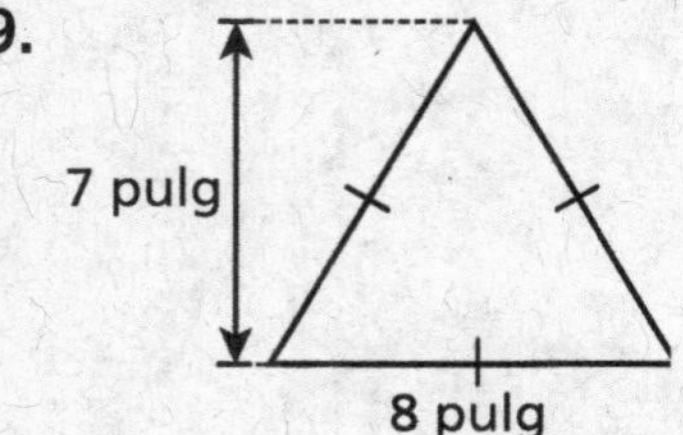

10.

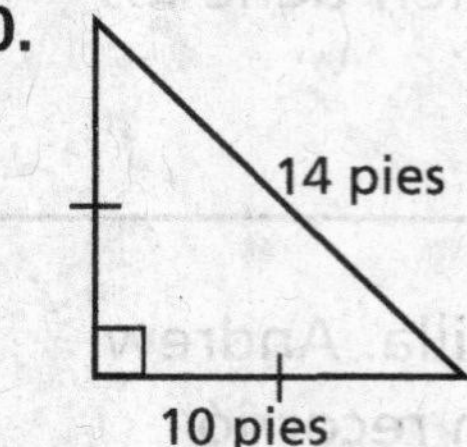

11.

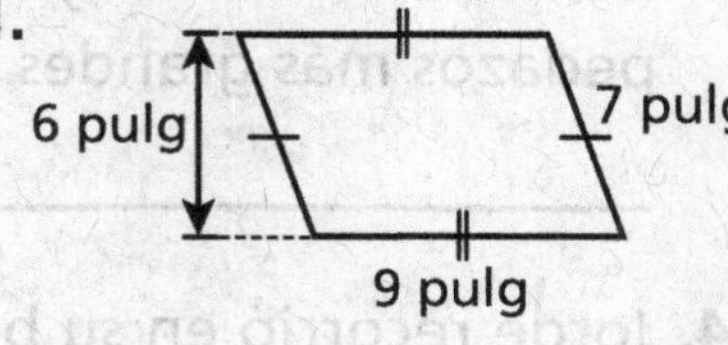

$P =$ ____________ $P =$ ____________ $P =$ ____________

$A =$ ____________ $A =$ ____________ $A =$ ____________

Resuelve. *Muestra tu trabajo.*

12. En tu negocio de limonada, vendes medio vaso por \$0.50 y un vaso completo por \$0.75. Al final del día ves que te quedan 12 vasos y que vendiste \$8.00. ¿Cuántos vasos vendiste de cada tamaño?

____

13. Anna es 3 años mayor que Laura. El producto de sus edades es el doble de la suma de sus edades. ¿Cuántos años tienen las dos niñas?

____

____

 Nombre Fecha

Haz la tarea

Suma o resta.

1. $\frac{1}{6} + \frac{4}{6} =$ ______ 2. $\frac{3}{7} + \frac{2}{7} + \frac{1}{7} =$ ______ 3. $\frac{3}{5} - \frac{1}{5} =$ ______

Despeja *n* o *d*.

4. $\frac{7}{8} - \frac{2}{8} = \frac{n}{8}$

   $n =$ ______

5. $\frac{3}{4} - \frac{1}{4} = \frac{2}{d}$

   $d =$ ______

6. $\frac{4}{15} + \frac{6}{15} + \frac{2}{15} = \frac{n}{15}$

   $n =$ ______

7. $\frac{2}{d} + \frac{2}{d} + \frac{2}{d} + \frac{2}{d} = \frac{8}{15}$

   $d =$ ______

8. $\frac{5}{12} + \frac{2}{12} + \frac{3}{12} = \frac{10}{d}$

   $d =$ ______

9. $\frac{1}{d} + \frac{1}{d} + \frac{1}{d} + \frac{1}{d} + \frac{1}{d} = \frac{d}{d}$

   $d =$ ______

Encierra en un círculo la fracción mayor.

10. $\frac{1}{5}$ $\frac{1}{9}$ 11. $\frac{3}{d}$ $\frac{7}{d}$ 12. $\frac{8}{d}$ $\frac{6}{d}$

13. ¿Cuánto es $\frac{n}{d}$? ______

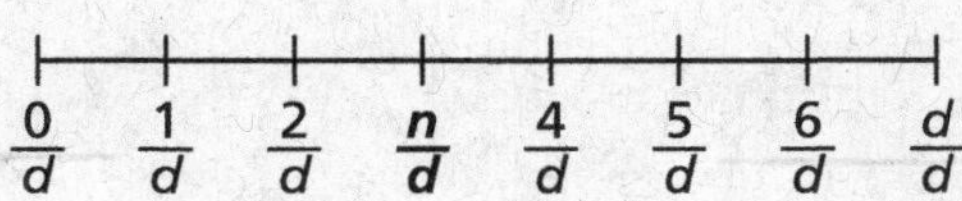

14. ¿Qué fracción está encerrada en un círculo? ______

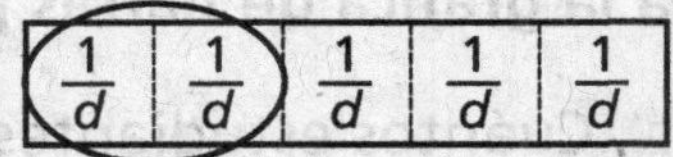

15. ¿Qué fracción de la clase prefiere el invierno o el verano? ______

16. ¿Qué fracción de la clase prefiere el otoño? ______

17. Usa la gráfica para hallar *d*.

   $\frac{3}{4} + \frac{2}{d} = 1$ $d =$ ______

Estaciones favoritas

18. La clase de quinto grado vendió quesos para recolectar fondos. ¿Qué fracción de los pedidos tomó cada estudiante?

______

______

______

Pedidos de queso

Bill
Jenn
Amy
Gregg

= 4 pedidos

Recuerda

Suma o resta.

1. 0.75 + 0.2 = ______ 2. 3.5 + 2.5 = ______ 3. 0.5 − 0.2= ______

4. 0.175 + 0.250 = ______ 5. 5.835 + 1.35 = ______ 6. 3.7 − 1.6 = ______

7. 0.072 − 0.03 = ______ 8. 0.001 + 0.959 = ______ 9. 8.206 + 1.5 = ______

10. 3.504 − 1.25 = ______ 11. 4.0 − 0.8 = ______ 12. 6.34 − 2.28 = ______

Halla el área de la región sombreada.

13.

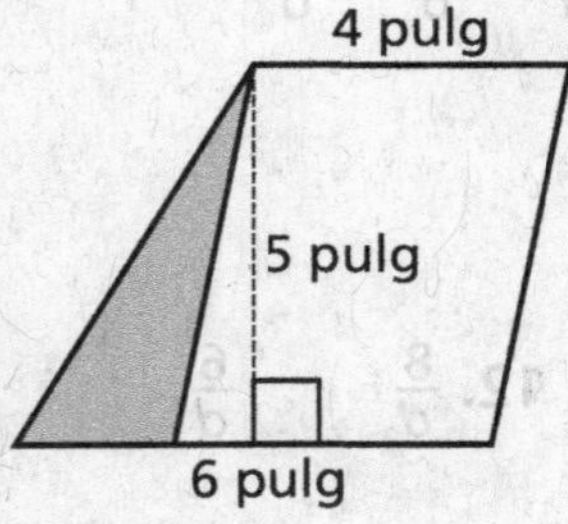

______

14.

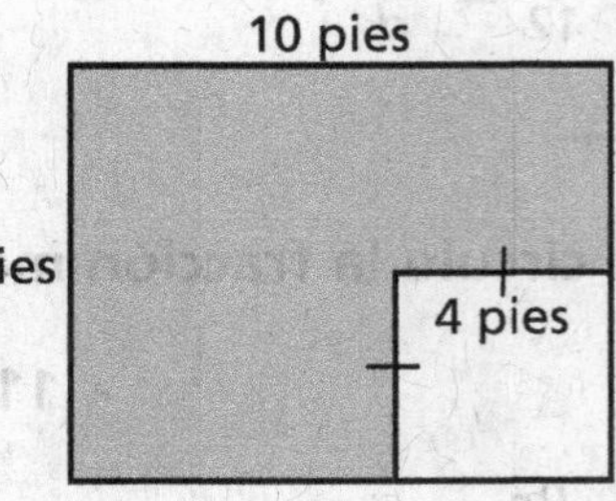

______

Usa la gráfica de barras para resolver los problemas 15 a 17.

15. ¿Cuántos estudiantes de la clase tienen por lo menos un hermano o una hermana?

______

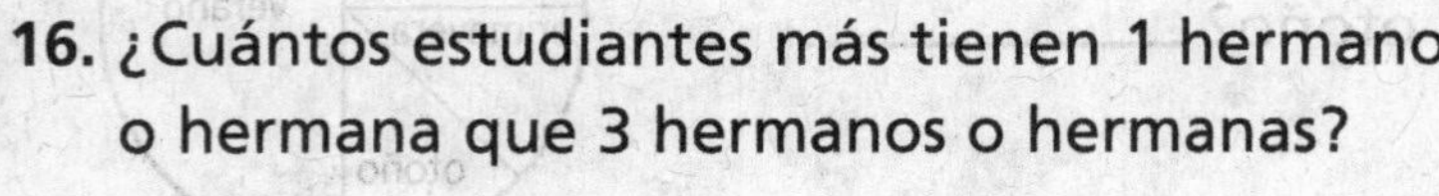

16. ¿Cuántos estudiantes más tienen 1 hermano o hermana que 3 hermanos o hermanas?

______

17. El número de estudiantes con 2 hijos en la familia es el doble del número de estudiantes ¿con cuántos hijos en la familia?

______

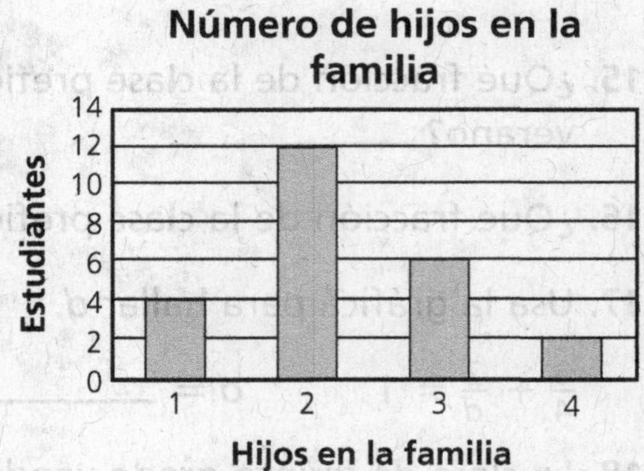

Nombre ____________________ Fecha ____________________

Haz la tarea

Suma o resta.

1. $\frac{4}{7} - \frac{1}{7} =$ ______
2. $\frac{6}{52} + \frac{4}{52} =$ ______
3. $\frac{8}{15} + \frac{7}{15} =$ ______
4. $\frac{5}{60} + \frac{12}{60} =$ ______
5. $\frac{6}{37} + \frac{6}{37} =$ ______
6. $\frac{50}{100} - \frac{40}{100} =$ ______

Despeja *n* o *d*.

7. $1 - \frac{7}{13} = \frac{n}{d}$

   $\frac{n}{d} =$ ______
8. $1 - \frac{5}{40} = \frac{n}{d}$

   $\frac{n}{d} =$ ______
9. $\frac{5}{8} + \frac{n}{d} = 1$

   $\frac{n}{d} =$ ______
10. $\frac{3}{16} + \frac{n}{d} = 1$

    $\frac{n}{d} =$ ______
11. $\frac{20}{25} + \frac{n}{d} = 1$

    $\frac{n}{d} =$ ______
12. $\frac{150}{200} + \frac{n}{d} = 1$

    $\frac{n}{d} =$ ______

Resuelve.

13. Hannah hizo reír a $\frac{25}{32}$ de la clase con su chiste. ¿Qué fracción de la clase no rió con el chiste?

    ____
14. Tyler hizo reír a $\frac{28}{32}$ de la clase con su chiste. ¿Qué fracción de la clase no rió con el chiste?

    ____
15. ¿Quién contó el chiste más gracioso?

    ____
16. En la clase de la Sra. López, $\frac{9}{24}$ de los estudiantes van a la escuela en autobús y $\frac{8}{24}$ en carro. Los demás estudiantes van caminando a la escuela. ¿Qué fracción de los estudiantes caminan a la escuela?

    ____

Recuerda

Halla el número desconocido.

1. $6b = 42$

$b =$ ______

2. $5c + 1 = 36$

$c =$ ______

3. $d = (4 \times 5) + (2 \times 9)$

$d =$ ______

4. $64 \div s = 8$

$s =$ ______

5. $\frac{1}{6}m = 9$

$m =$ ______

6. $28 + p = 32$

$p =$ ______

7. $7(5 + 3) = t$

$t =$ ______

8. $k = 4(6 + 3)$

$k =$ ______

9. $6v = 72$

$v =$ ______

Rotula cada ángulo como agudo, obtuso o recto.

10. 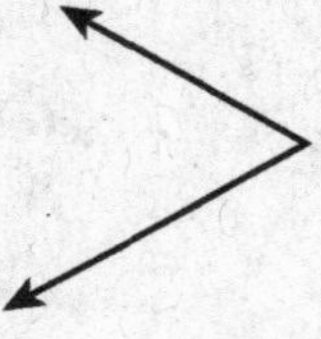

11. 

12. 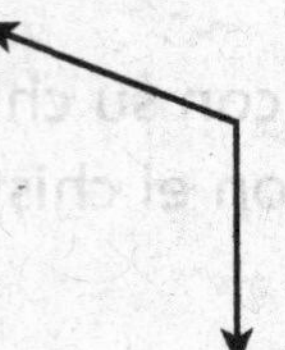

13. **14.** 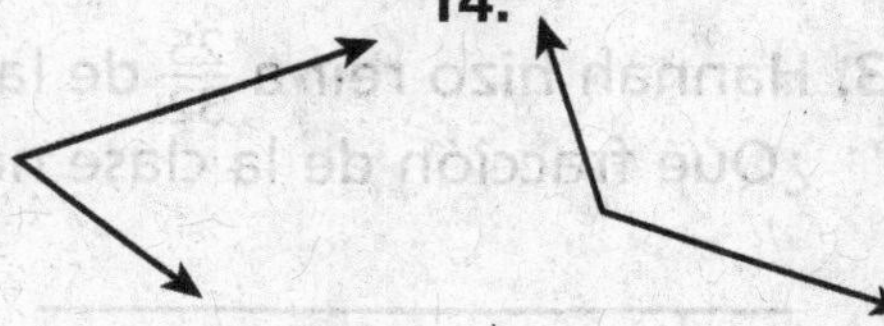

______ ______ ______ ______ ______

Resuelve.

15. Los empleados de la librería vendieron 700 libros en una semana. Si venden el mismo número de libros cada día, ¿cuántos libros habrán vendido en 3 días?

______

16. Los estudiantes de quinto grado están reuniendo dinero para un viaje que cuesta $175. Los estudiantes han recibido pedidos para 92 cubos de masa para galletas a $6.00 cada uno. Si los estudiantes tienen que pagar $4.00 por cada cubo, ¿reunirán suficiente dinero para el viaje?

______

Nombre ______________________ Fecha ____________

Haz la tarea

¿Qué fracción de cada grupo de conos de helado tiene una cereza?

1. 

______

2. 

______

3. 

______

4. Responde la carta del Pingüino Confundido.

Querido estudiante de matemáticas:

Me acabo de enterar de que $\frac{1}{3}$ de los estudiantes de mi clase juegan fútbol. Mi amiga de otra clase dice que también $\frac{1}{3}$ de los estudiantes de su clase juegan fútbol. Yo le dije: "Entonces el mismo número de estudiantes juegan fútbol en las dos clases". Pero ella respondió: "No, no creo que eso sea verdad".

Ahora estoy confundido. Si la misma **fracción** de estudiantes juega fútbol, ¿no es lo mismo que el mismo número de estudiantes jugando fútbol? ¿Quién crees que tiene razón? ¿Me lo podrías explicar?

Gracias,

Pingüino Confundido

____

____

____

____

____

____

____

____

____

____

____

Nombre ______ Fecha ______

Recuerda

1. 692 + 463 = ______
2. 1,843 + 199 = ______
3. 567 + 4,968 = ______
4. 746 − 99 = ______
5. 2,420 − 398 = ______
6. 62,685 − 810 = ______
7. 6,874 + 552 = ______
8. 7,502 + 2,539 = ______
9. 29,463 + 14,054 = ______
10. 3,985 − 1,775 = ______

Calcula el perímetro y el área de cada figura.

11.

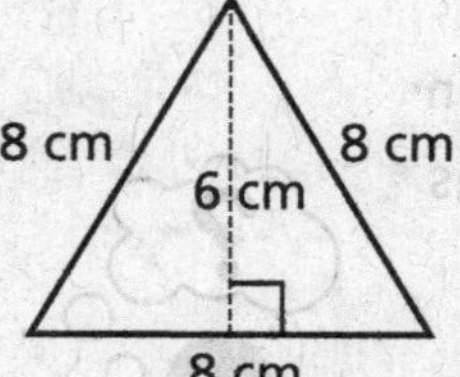

P = ______

A = ______

12.

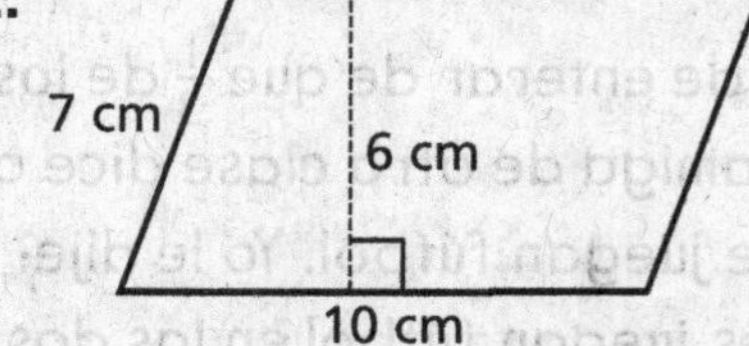

P = ______

A = ______

13.

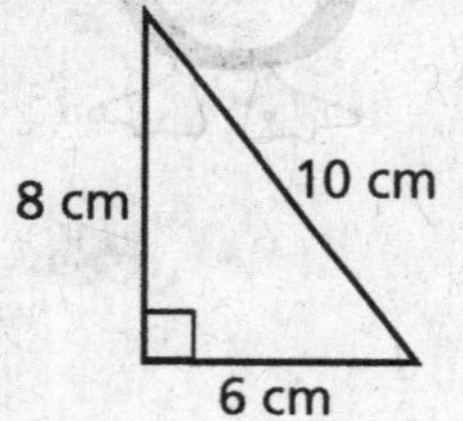

P = ______

A = ______

14.

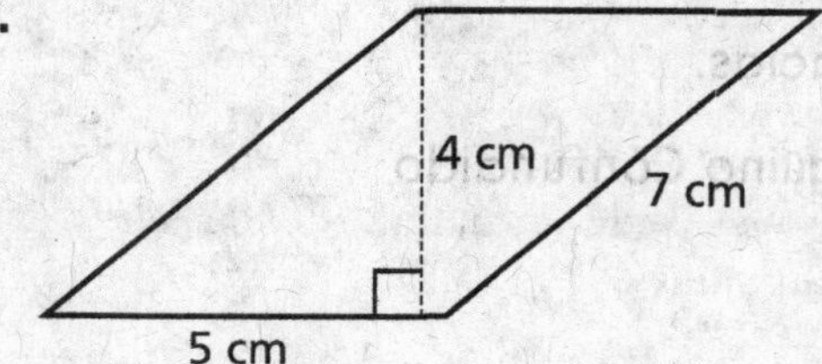

P = ______

A = ______

Resuelve.

15. Hayley tiene el doble de estampillas que Kevin en su colección. Kevin tiene tres veces más estampillas que Jen. Si Kevin tiene 60 estampillas, ¿cuánto tienen juntos los tres amigos?

______

16. Jon tiene 32 libros en su biblioteca. Tiene 7 veces más libros de misterio que de ciencia ficción. ¿Cuántos libros tiene de cada tipo?

______

Nombre ______ Fecha ______

Haz la tarea

Escribe el número mixto representado por las partes sombreadas.

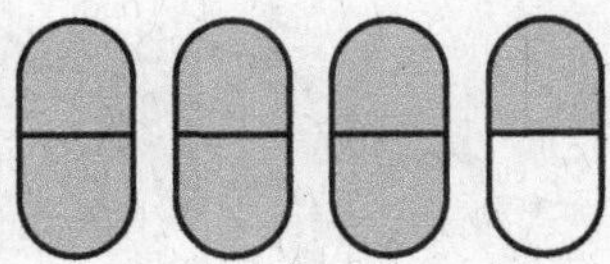

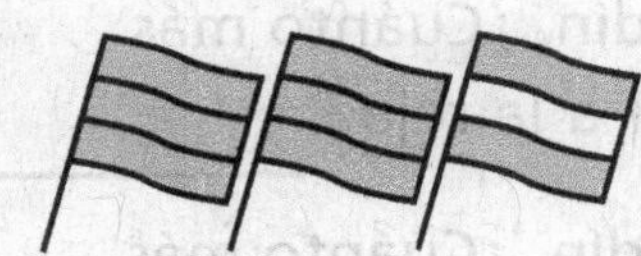

1. ______ 2. ______ 3. ______

Escribe el número mixto como una fracción impropia.

4. $2\frac{1}{3} =$ ______
5. $4\frac{2}{5} =$ ______
6. $3\frac{3}{4} =$ ______
7. $1\frac{5}{8} =$ ______

Escribe la fracción impropia como un número mixto.

8. $\frac{7}{6} =$ ______
9. $\frac{8}{3} =$ ______
10. $\frac{9}{2} =$ ______
11. $\frac{10}{7} =$ ______

Resuelve. Escribe la respuesta como un número mixto.

12. $\frac{3}{5} + \frac{4}{5} =$ ______
13. $\frac{6}{4} + \frac{3}{4} =$ ______
14. $\frac{2}{9} + \frac{8}{9} =$ ______
15. $7 + \frac{2}{3} =$ ______

Resuelve.

Muestra tu trabajo.

16. Alicia caminó $\frac{7}{8}$ de milla el sábado y $\frac{6}{8}$ de milla el domingo. ¿Qué distancia caminó durante el fin de semana? Escribe la respuesta como número mixto.

______

17. La cadena oscura mide de largo $\frac{5}{12}$ de yarda. La blanca mide $\frac{9}{12}$. ¿Qué longitud tendrán las dos si se unen? Escribe la respuesta como número mixto.

______

Nombre ______________________ **Fecha** ______________

Recuerda

Resuelve.

1. El perro ha cruzado $\frac{5}{8}$ del jardín. ¿Cuánto más tiene que caminar para llegar a la reja? ______________

2. El gato ha cruzado $\frac{7}{16}$ del jardín. ¿Cuánto más tiene que caminar para llegar a la reja? ______________

3. Limpié $\frac{6}{9}$ de mi habitación y mi amigo limpió $\frac{2}{9}$ de mi habitación. ¿Cuánto más nos falta por limpiar de mi habitación? ______________

4. La clase de la Sra. Spencer se está inscribiendo para los juegos deportivos. $\frac{8}{26}$ de los estudiantes quieren jugar al fútbol y $\frac{12}{26}$ quieren jugar al básquetbol. Los demás estudiantes quieren jugar al béisbol. ¿Qué fracción de los estudiantes quieren jugar al béisbol? ______________

Resuelve los rompecabezas de factores.

5.

	___	___	
___	5		___
___	25	35	___
	___	___	

6.

	6
12	8

7.

30	27
	18

8.

	64
36	72

9.

9	12
21	

10.

4	
10	25

 Nombre **Fecha**

Haz la tarea

Completa cada ecuación. Expresa las respuestas como números mixtos.

1. $\frac{3}{5} + \frac{4}{5} =$ ____ **2.** $\frac{6}{4} + \frac{3}{4} =$ ____ **3.** $4\frac{2}{9} + 2\frac{7}{9} =$ ____ **4.** $1\frac{7}{8} + 3\frac{3}{8} =$ ____

5. $4\frac{1}{2} + 5\frac{1}{2} =$ ____ **6.** $3\frac{1}{7} + 2\frac{1}{7} =$ ____ **7.** $1\frac{5}{7} + 1\frac{3}{7} =$ ____ **8.** $50\frac{1}{3} + 50\frac{1}{3} =$ ____

9. Un grupo de excursionistas caminó hoy durante $5\frac{3}{4}$ horas y ayer durante $6\frac{3}{4}$ horas. ¿Cuántas horas caminaron en total? ____________

10. ¿Qué partes fraccionarias se muestran en la siguiente recta numérica? ____________

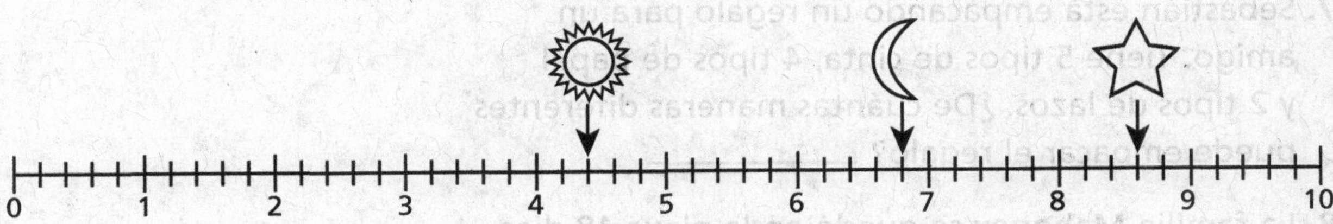

11. ¿Qué número mixto representa el sol? ____________

12. ¿Qué número mixto representa la luna? ____________

13. ¿Qué número mixto representa la estrella? ____________

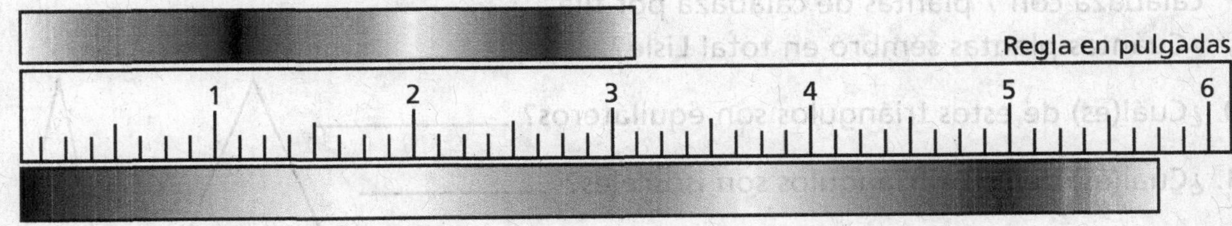

14. ¿Qué partes fraccionarias muestra la regla en pulgadas de arriba? ____________

15. ¿Qué longitud tiene la cinta de arriba? ____________

16. ¿Qué longitud tiene la cinta de abajo? ____________

17. Si colocas las dos cintas extremo contra extremo, ¿qué longitud tienen? ____________

Nombre ______________________ Fecha ______________

Recuerda

Suma.

1. $\begin{array}{r} 363.12 \\ +\ 422.51 \\ \hline \end{array}$

2. $\begin{array}{r} 86{,}435.717 \\ +\ 3{,}385.122 \\ \hline \end{array}$

3. $\begin{array}{r} 1{,}382{,}104.4050 \\ +\ 34{,}208{,}010.6334 \\ \hline \end{array}$

Resta.

4. $\begin{array}{r} 945.3 \\ -\ 412.1 \\ \hline \end{array}$

5. $\begin{array}{r} 12{,}532.36 \\ -\ 10{,}801.45 \\ \hline \end{array}$

6. $\begin{array}{r} 9{,}112{,}001.880 \\ -\ 8{,}750{,}500.224 \\ \hline \end{array}$

Resuelve.

Muestra tu trabajo.

7. Sebastián está empacando un regalo para un amigo. Tiene 5 tipos de cinta, 4 tipos de papel y 2 tipos de lazos. ¿De cuántas maneras diferentes puede empacar el regalo? ________

8. La familia Mahoney se quedó en la playa 18 días. Se quedaron 3 veces más tiempo que la familia Adorno. ¿Cuántos días se quedó la familia Adorno? ________

9. Lisle sembró 8 filas de tomates con 6 plantas de tomate por fila. También sembró 3 filas de calabaza con 7 plantas de calabaza por fila. ¿Cuántas plantas sembró en total Lisle? ________

10. ¿Cuál(es) de estos triángulos son equiláteros? ________

11. ¿Cuál(es) de estos triángulos son isósceles? ________

12. ¿Cuál(es) de estos triángulos son escalenos? ________

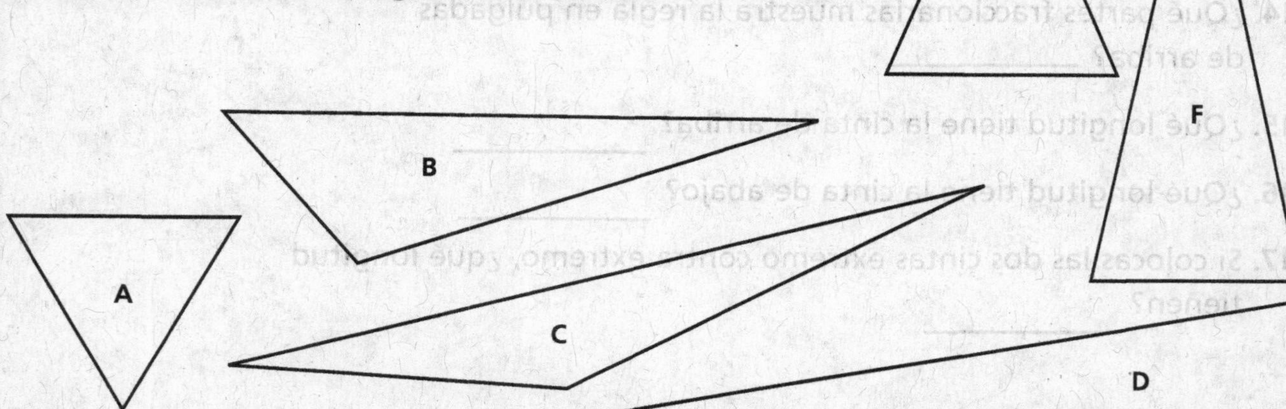

 Nombre ______________________ **Fecha** ______________

Haz la tarea

Resta.

1. $1\frac{7}{9} - \frac{4}{9} =$ ____
2. $4\frac{6}{7} - 2\frac{5}{7} =$ ____
3. $6\frac{4}{5} - 3\frac{2}{5} =$ ____
4. $25\frac{5}{8} - 10\frac{1}{8} =$ ____
5. $2 - \frac{1}{3} =$ ____
6. $5\frac{3}{8} - 2\frac{7}{8} =$ ____
7. $2\frac{1}{6} - 1\frac{5}{6} =$ ____
8. $7\frac{2}{5} - 3\frac{3}{5} =$ ____

Resuelve. *Muestra tu trabajo.*

9. Hice una culebra de plastilina de $9\frac{5}{8}$ de largo, pero se rompió una sección de $1\frac{7}{8}$ de largo. ¿Cuánto mide de largo mi culebra ahora?

____

10. Deacon tenía $12\frac{1}{3}$ onzas de jugo, pero se tomó $3\frac{2}{3}$ onzas. ¿Cuánto jugo le sobra?

____

¿Cuál será la longitud de cada tronco al cortarle un pedazo? Comprueba tu respuesta sumando las longitudes de los dos pedazos.

11. se cortan $3\frac{2}{6}$ pies — $10\frac{5}{6}$ pies en total

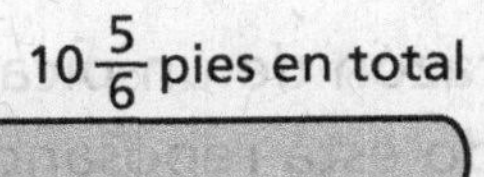

____ pies sobran

12. se cortan $4\frac{3}{4}$ pies — $7\frac{1}{4}$ pies en total

____ pies sobran

13. se cortan $6\frac{2}{9}$ pies — $11\frac{4}{9}$ pies en total

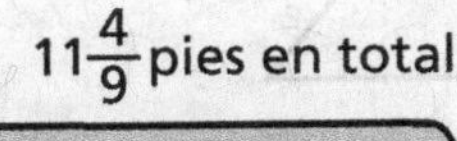

____ pies sobran

14. se cortan $3\frac{2}{5}$ pies — $6\frac{2}{5}$ pies en total

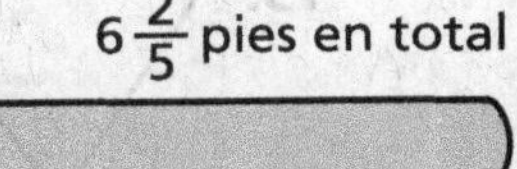

____ pies sobran

Recuerda

Escribe > ó < para mostrar cuál es mayor.

1. 209 ____ 290
2. 30,502 ____ 30,052
3. 128,779 ____ 127,999
4. 360.099 ____ 306.990
5. 41,772.012 ____ 41,770.228
6. 100.096 ____ 100.10

Resuelve. Multiplica o divide. *Muestra tu trabajo.*

7. Jenny preparó 4 filas para sembrar plantas de frijol. Puede sembrar 16 plantas en cada fila. ¿Cuántas plantas de frijol puede sembrar?

____

8. Un autobús puede transportar 60 estudiantes. ¿Cuántos autobuses debe solicitar una escuela para transportar a 520 estudiantes a un paseo?

____

9. El corazón de un picaflor late 4 veces por segundo cuando está reposando. A este ritmo, ¿cuántas veces late el corazón en una hora? ¿En un día?

____

Rotula cada ángulo como agudo, recto u obtuso. Explica brevemente.

10. 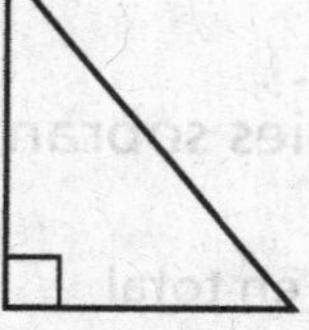

____

____

11. 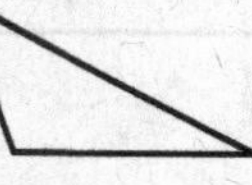

____

____

12. 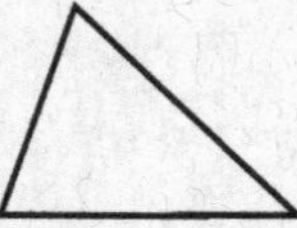

____

____

13. 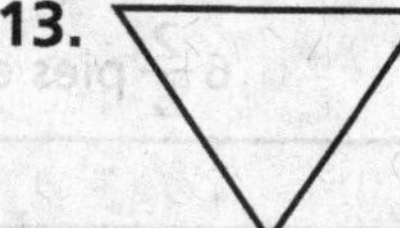

____

____

5–9 Nombre ______ Fecha ______

Haz la tarea

Resta.

1. $\frac{4}{5} - \frac{1}{5} =$ ____ **2.** $9\frac{5}{8} - 3\frac{3}{8} =$ ____ **3.** $5\frac{1}{6} - 2\frac{5}{6} =$ ____ **4.** $18\frac{4}{9} - 10\frac{5}{9} =$ ____

5. $3 - \frac{1}{4} =$ ____ **6.** $6\frac{3}{8} - 2\frac{7}{8} =$ ____ **7.** $2\frac{1}{3} - 1\frac{2}{3} =$ ____ **8.** $6\frac{5}{7} - 3\frac{3}{7} =$ ____

Resuelve. *Muestra tu trabajo.*

9. Cory quería practicar piano durante $1\frac{1}{4}$ horas pero pasó $\frac{3}{4}$ de hora jugando en la computadora. ¿Durante cuánto tiempo practicó piano de verdad?

______

10. Hala bateó $\frac{4}{10}$ de los imparables en su partido de béisbol y Ernestina bateó $\frac{1}{10}$. ¿Quién bateó más imparables? ¿Cuántos más?

______

Los excursionistas en el campamento Los Pinos vieron las huellas de un animal en el bosque. Las midieron e hicieron una tabla que muestra las longitudes. Usa la tabla para completar los ejercicios 11–15.

Huella del animal	Longitud
Mapache	$1\frac{2}{8}$ pulg
Zorro	$3\frac{1}{8}$ pulg
Venado	$1\frac{6}{8}$ pulg
Alce	$5\frac{7}{8}$ pulg

11. ¿Qué huella es la más larga, la de mapache o la de zorro? ¿Cuánto más larga?

______

12. ¿Cuánto más corta es la huella de venado que la huella de alce?

______

13. ¿Cuánto más larga es la huella de zorro que la huella de venado?

______

14. ¿Cuánto más corta es la huella de mapache que la huella de venado?

______

15. Escribe las huellas de los animales en orden de la más larga a la más corta.

______

Recuerda

Halla el número desconocido de cada ecuación.

1. $s = 4 + (3 \times 9)$ $s =$ ______
2. $12 = t - 7$ $t =$ ______
3. $k = 28 - (2 \times 6)$ $k =$ ______
4. $(14 - 9) \times 3 = m$ $m =$ ______
5. $y = (112 - 94) \times 4$ $y =$ ______
6. $36 = b + 12$ $b =$ ______
7. $h - 15 = 52$ $h =$ ______
8. $70 = p + (3 \times 6)$ $p =$ ______

Resuelve. Multiplica o divide.

Muestra tu trabajo.

9. Lina tenía $20. Compró 3 artículos que costaron $6.98, $4.49 y $7.75. ¿Le alcanzó el dinero para comprar una botella de jugo por $1.29?

______

10. Asim tiene 11 años de edad. Viajó en autobús con su mamá, su tía, sus dos hermanos menores y la hija de 7 años de su tía. Los boletos costaron $1.60 por adulto y $0.80 por niño. ¿Cuánto costó el viaje?

______

11. Representa los datos de la tabla en el círculo de abajo. No olvides rotular la gráfica.

______

Fruta preferida	
Fruta	**Número**
Naranja	16
Banana	2
Manzana	4
Uva	8
Otra	6

Haz la tarea

Los trabajadores del refugio para animales Willow Green recibieron cuatro animales nuevos hace poco. Decidieron medir cada animal y anotar las medidas en una tabla. Usa esta tabla para completar los ejercicios 1–4.

Animal	Longitud
Pato	$1\frac{5}{12}$ pies
Gato	$2\frac{8}{12}$ pies
Perro	$3\frac{10}{12}$ pies
Cerdo	$3\frac{4}{12}$ pies

1. ¿Cuál es más largo, el cerdo o el perro? ¿Cuánto más largo?

____

2. ¿Cuánto más corto es el pato que el gato?

____

3. ¿Cuánto más largo es el perro que el pato?

____

4. ¿Cuánto más corto es el gato que el cerdo?

____

Troy y Francisco decidieron hacer galletas de jengibre en forma de muñeco con esta receta. Úsala para completar los ejercicios 5–9.

Muñecos de jengibre
$\frac{1}{4}$ libra de mantequilla
1 taza de azúcar
$\frac{1}{4}$ cucharadita de sal
$2\frac{1}{4}$ tazas de harina
1 taza de melaza
$1\frac{3}{4}$ cucharaditas de soda
$2\frac{1}{4}$ cucharaditas de jengibre
2 huevos

5. Troy tiene $\frac{3}{4}$ de taza de azúcar y Francisco tiene $\frac{2}{4}$ de taza. ¿Cuánta azúcar tienen en total?

____

6. ¿Les sobrará azúcar después de hacer las galletas? ¿Cuánta?

____

7. Troy y Francisco tienen $\frac{3}{4}$ de taza de harina. ¿Cuánta harina más necesitan?

____

8. En la fiesta, las niñas se comieron $\frac{5}{8}$ de las galletas y los niños $\frac{3}{8}$. ¿Cuántas galletas sobraron?

____

9. Troy y Francisco empezaron con 1 libra de mantequilla. ¿Cuánto tienen ahora?

____

Recuerda

Encierra en un círculo la fracción mayor de cada pareja. Escribe un signo mayor que (>) o menor que (<) entre ambos.

1. $\frac{6}{700}$ ◯ $\frac{4}{700}$

2. $3\frac{4}{8}$ ◯ $3\frac{7}{8}$

3. $7\frac{9}{10}$ ◯ $7\frac{5}{10}$

4. $10\frac{1}{4}$ ◯ $9\frac{8}{4}$

Halla cada número desconocido.

5. $7a = 56$ $a =$ _____

6. $9 \times d = 81$ $d =$ _____

7. $42 \times 0 = m$ $m =$ _____

8. $27 \div 3 = a$ $a =$ _____

9. $36 \div 12 = q$ $q =$ _____

10. $n \times 5 = 75$ $n =$ _____

11. $y \times 4 = 48$ $y =$ _____

12. $72 = 8h$ $h =$ _____

Halla el perímetro de cada figura.

Muestra tu trabajo.

13.

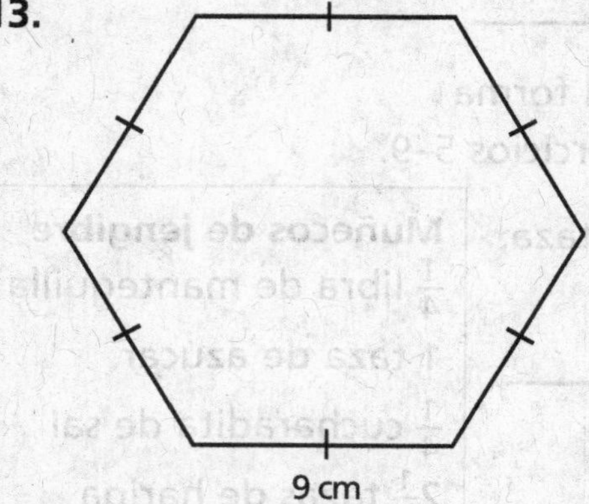

Perímetro = ________

14.

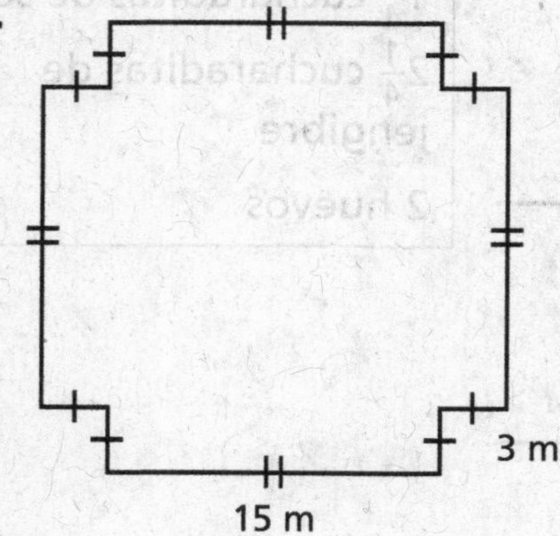

Perímetro = ________

 Nombre _______________ Fecha _______________

Haz la tarea

1. Escribe una cadena de fracciones equivalentes para las partes sombreadas.

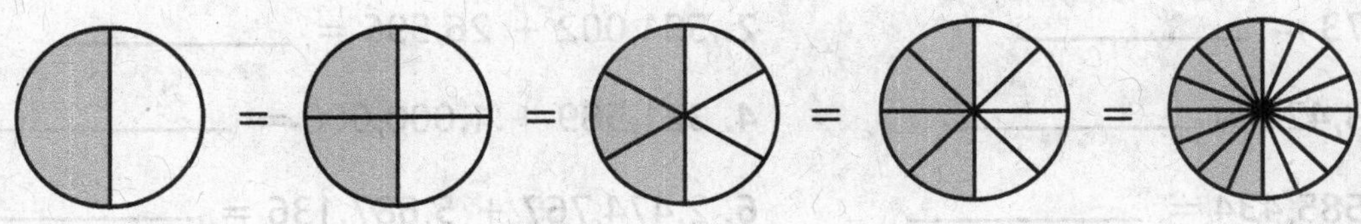

_______ = _______ = _______ = _______ = _______

Usa las rectas numéricas para completar los ejercicios 2 a 7.

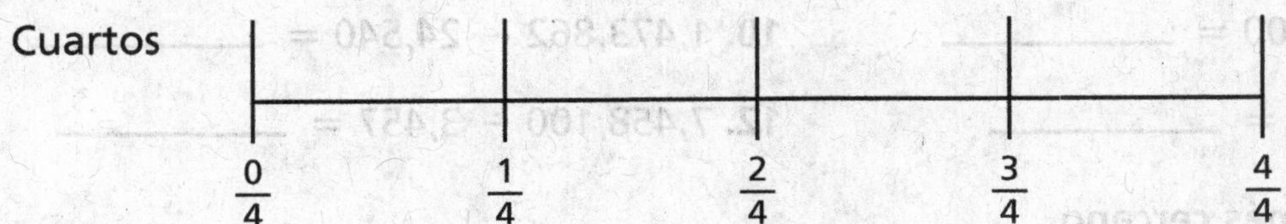

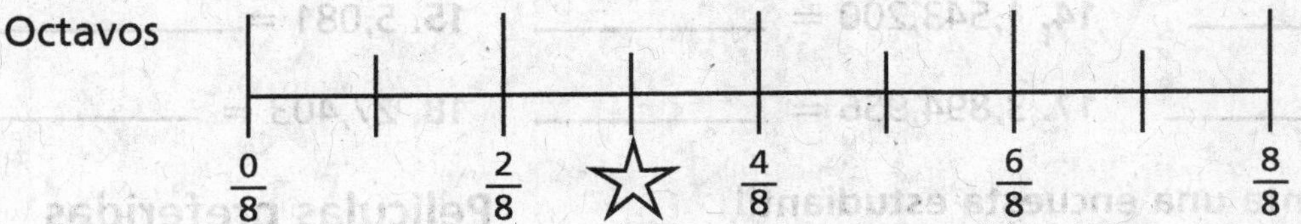

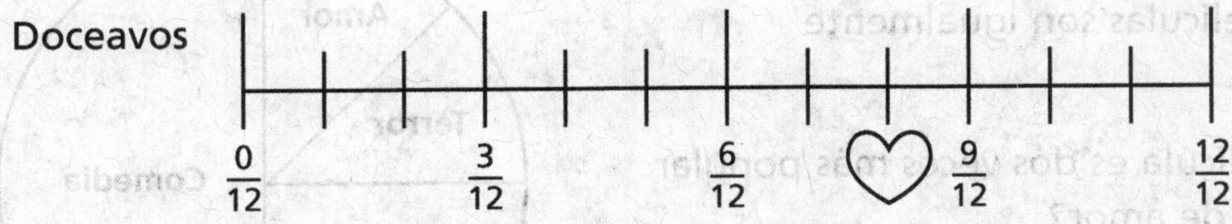

2. ¿Qué fracción marca la estrella? _______

3. ¿Qué fracción marca el corazón? _______

4. Si tienes $\frac{3}{4}$ de taza de harina, ¿cuántos octavos tienes? _______

5. Si tienes $\frac{3}{12}$ de una naranja, ¿cuántos cuartos tienes? _______

6. ¿Qué es mayor: $\frac{3}{4}$ ó $\frac{10}{12}$? _______

7. Escribe dos fracciones equivalentes a $\frac{6}{8}$. _______

 Nombre ____________ Fecha ____________

Recuerda

Suma.

1. 4,560 + 52,973 = ________

2. 581,002 + 26,596 = ________

3. 4,300,129 + 3,426 = ________

4. 321,589 + 1,000,000 = ________

5. 8,601,308 + 585,434 = ________

6. 2,474,767 + 5,687,136 = ________

Resta.

7. 398,000 − 213,546 = ________

8. 5,439,456 − 1,217,388 = ________

9. 984,305 − 411,900 = ________

10. 1,473,862 − 24,540 = ________

11. 846,549 − 2,308 = ________

12. 7,458,100 − 3,457 = ________

Redondea al millar más cercano.

13. 14,541 = ________

14. 1,543,200 = ________

15. 5,081 = ________

16. 800,760 = ________

17. 3,894,956 = ________

18. 27,403 = ________

Esta gráfica representa una encuesta estudiantil donde se preguntó el tipo de película preferida.

Películas preferidas

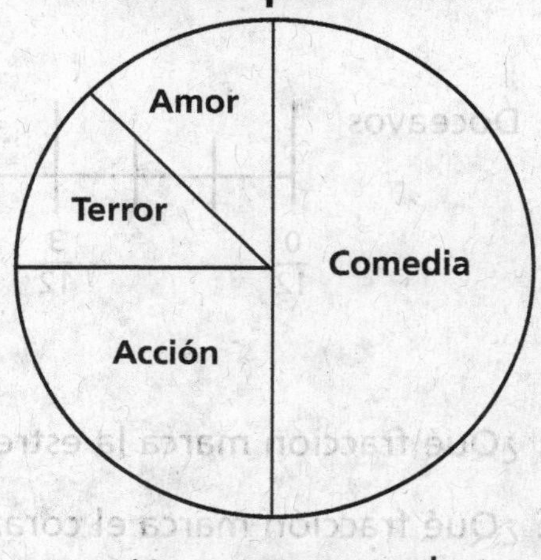

19. ¿Qué tipos de películas son igualmente populares? ____________

20. ¿Qué tipo de película es dos veces más popular que las películas de amor? ____________

21. Si 50 estudiantes prefieren las películas de acción, ¿cuántos estudiantes prefieren las películas de terror? ____________

Resuelve. *Muestra tu trabajo.*

22. Los Carson recorrieron 654 km el lunes, 792 km el martes y 517 km el miércoles. ¿Cuántos kilómetros recorrieron en total en esos tres días?

____

23. Otis tiene 3,750 días de edad y Casey tiene 4,539 días de edad. ¿Cuántos días mayor es Casey que Otis?

____

 Nombre ____ Fecha ____

Haz la tarea

1. Escribe una cadena de fracciones equivalentes para las partes sombreadas.

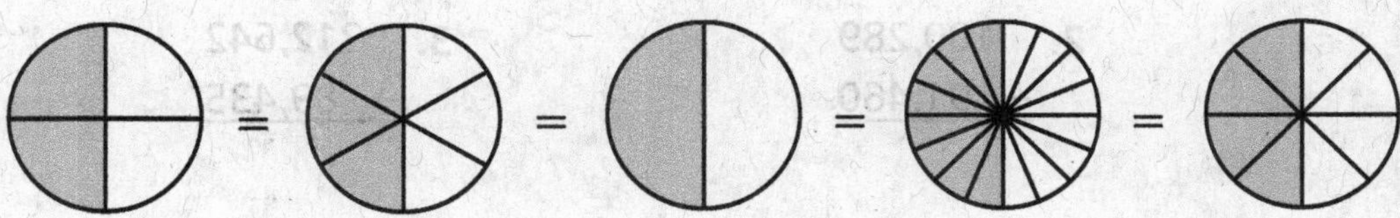

_____ = _____ = _____ = _____ = _____

Escribe el multiplicador o el divisor de cada par de fracciones equivalentes.

2. $\frac{4}{12} = \frac{1}{3}$

   Divisor = _____

3. $\frac{2}{9} = \frac{6}{27}$

   Multiplicador = _____

4. $\frac{6}{60} = \frac{1}{10}$

   Divisor = _____

5. $\frac{3}{10} = \frac{15}{50}$

   Multiplicador = _____

6. $\frac{21}{56} = \frac{3}{8}$

   Divisor = _____

7. $\frac{5}{7} = \frac{30}{42}$

   Multiplicador = _____

8. $\frac{4}{16} = \frac{1}{4}$

   Divisor = _____

9. $\frac{5}{9} = \frac{25}{45}$

   Multiplicador = _____

10. $\frac{10}{60} = \frac{1}{6}$

   Divisor = _____

11. $\frac{3}{7} = \frac{18}{42}$

   Multiplicador = _____

12. $\frac{24}{56} = \frac{3}{7}$

   Divisor = _____

13. $\frac{5}{6} = \frac{35}{42}$

   Multiplicador = _____

Completa cada ejercicio sobre el par de barras de fracciones.

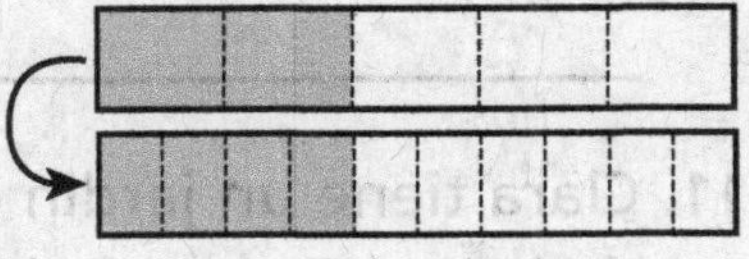

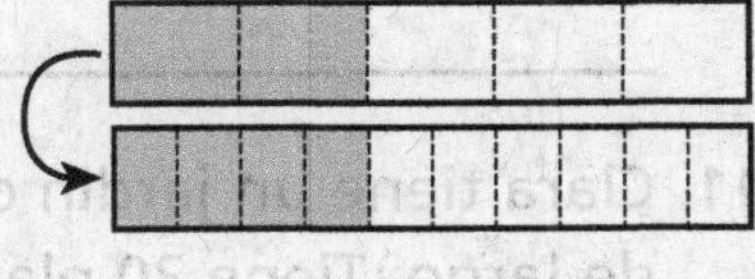

14. ¿Qué fracciones equivalentes están representadas? _____

15. Identifica el multiplicador. _____

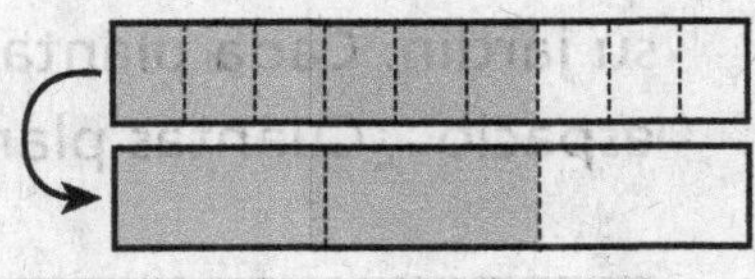

16. ¿Qué fracciones equivalentes están representadas? _____

17. Identifica el divisor. _____

18. Escribe una cadena de por lo menos seis fracciones equivalentes.

_____ = _____ = _____ = _____ = _____ = _____

 Nombre ______ Fecha ______

Recuerda

Resuelve.

1. $\begin{array}{r} 1{,}000.98 \\ +\ 265.03 \\ \hline \end{array}$

2. $\begin{array}{r} 100{,}289 \\ -\ 91{,}460 \\ \hline \end{array}$

3. $\begin{array}{r} 312{,}642 \\ +\ 89{,}435 \\ \hline \end{array}$

4. $\begin{array}{r} 10.651 \\ -\ 8.092 \\ \hline \end{array}$

5. $\begin{array}{r} 0.354 \\ +\ 9.717 \\ \hline \end{array}$

6. $\begin{array}{r} 12.603 \\ -\ 2.711 \\ \hline \end{array}$

Halla el área de cada triángulo.

7. 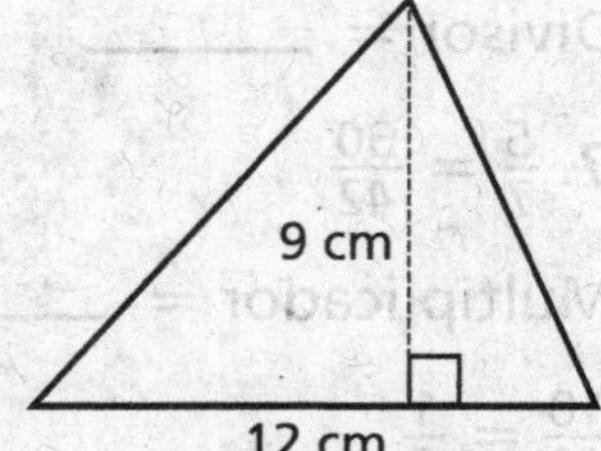

A = ______

8. 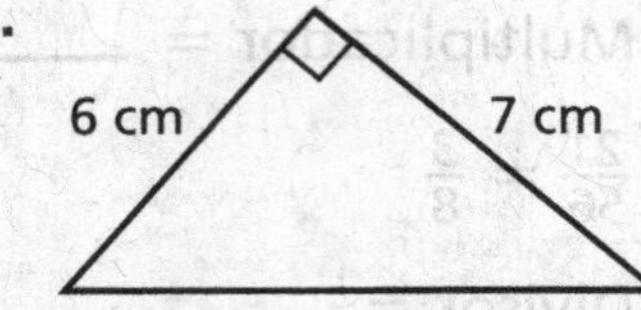

A = ______

9. 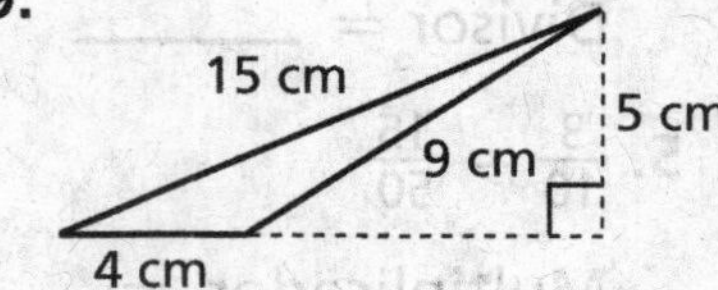

A = ______

Resuelve. *Muestra tu trabajo.*

10. Un restaurante tiene 60 platos. Una noche comieron 9 grupos de personas con 6 personas en cada grupo. ¿Cuántos platos se quedaron sin usar esa noche?

______

11. Clara tiene un jardín que mide 7 pies de ancho y 4 pies de largo. Tiene 30 plantas de tomate para sembrar en su jardín. Cada planta necesita 1 pie cuadrado de espacio. ¿Cuántas plantas se quedarán sin sembrar?

______

12. La biblioteca de Carol tiene 4 repisas y en cada repisa hay 6 libros. Su hermano Roberto tiene 3 repisas y 7 libros en cada repisa. ¿Cuántos libros en total tienen los dos juntos?

______

 Nombre ______ Fecha ______

Haz la tarea

Halla *n* o *d*.

1. $\frac{3}{4} = \frac{n}{12}$ $n =$ ______
2. $\frac{1}{5} = \frac{n}{30}$ $n =$ ______
3. $\frac{6}{42} = \frac{n}{7}$ $n =$ ______
4. $\frac{4}{16} = \frac{2}{d}$ $d =$ ______
5. $\frac{2}{7} = \frac{n}{49}$ $n =$ ______
6. $\frac{3}{5} = \frac{30}{d}$ $d =$ ______
7. $\frac{21}{28} = \frac{n}{4}$ $n =$ ______
8. $\frac{7}{63} = \frac{1}{d}$ $d =$ ______

Responde las preguntas sobre la gráfica circular. Simplifica tus respuestas.

Filas de verduras en la huerta

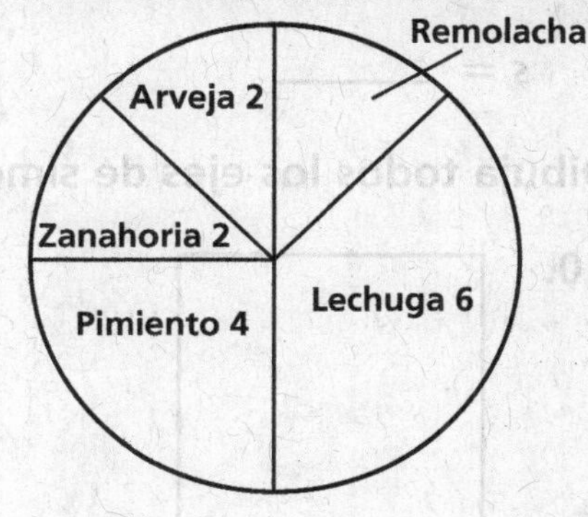

9. ¿Qué fracción de las verduras son pimientos? ______
10. ¿Qué fracción de las verduras son remolachas? ______
11. ¿Qué fracción de las verduras son lechugas? ______
12. Arneta sembró las lechugas y los pimientos. ¿Qué fracción de las verduras sembró Arneta? ______

Responde las preguntas sobre la gráfica de barras. Simplifica tus respuestas.

Globos para la fiesta

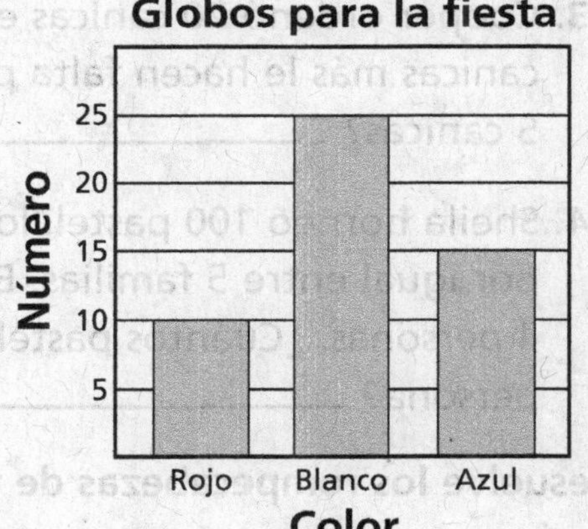

13. ¿Cuántos globos hay en total? ______
14. ¿Qué fracción de los globos son rojos? ______
15. ¿Qué fracción de los globos son blancos? ______
16. ¿Qué fracción de los globos son azules? ______
17. Esteban infló 20 globos. ¿Infló más o menos que la mitad? ______ ¿Cómo lo sabes?

____

____

 Nombre ______________________________ Fecha ______________

Recuerda

Halla el número desconocido de cada ecuación.

1. $6r + 2 = 56$

$r =$ ______

2. $3(7 + 2) = f$

$f =$ ______

3. $(8 \times 5) + (3 \times 7) = k$

$k =$ ______

4. $3 + 2t = 13$

$t =$ ______

5. $9(6 - 1) = g$

$g =$ ______

6. $(4 \times 6) - (5 \times 2) = b$

$b =$ ______

7. $4s - 6 = 30$

$s =$ ______

8. $a(5 + 6) = 88$

$a =$ ______

9. $c + (9 \times 3) = 30$

$c =$ ______

Dibuja todos los ejes de simetría de cada figura.

10.

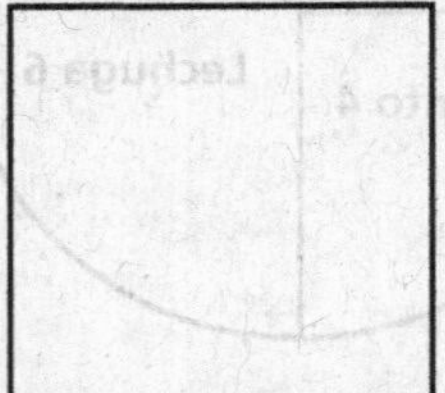

11.

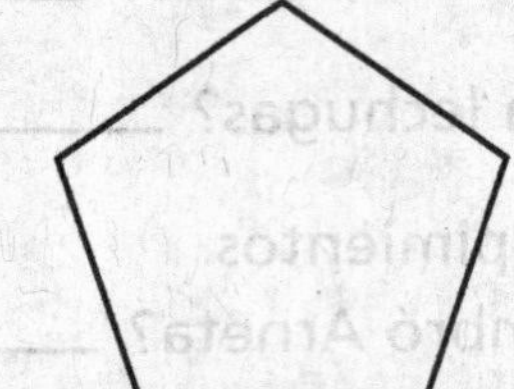

12.

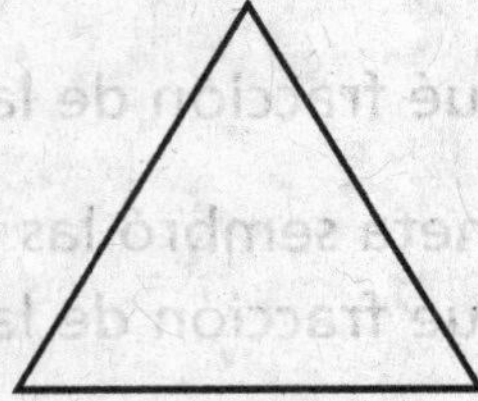

Resuelve cada problema. *Muestra tu trabajo.*

13. Cooper ordenó 20 canicas en grupos de 5. ¿Cuántas canicas más le hacen falta para completar 6 grupos de 5 canicas? ______________________________

14. Sheila horneó 100 pastelillos para compartir por igual entre 5 familias. En cada familia había 4 personas. ¿Cuántos pastelillos recibió cada persona? ______________________________

Resuelve los rompecabezas de factores.

15.

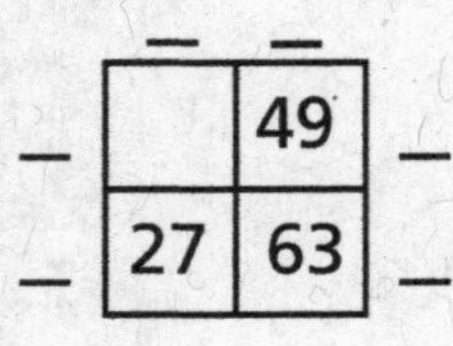

16.

30	48
	24

17.

54	48
45	

Nombre ______ Fecha ______

Haz la tarea

Suma o resta.

1. $\frac{1}{3} + \frac{1}{2} =$ ______
2. $\frac{7}{10} + \frac{1}{5} =$ ______
3. $\frac{2}{9} - \frac{1}{6} =$ ______
4. $\frac{5}{32} + \frac{1}{4} =$ ______
5. $\frac{5}{6} - \frac{2}{3} =$ ______
6. $\frac{5}{11} + \frac{1}{2} =$ ______
7. $\frac{13}{16} - \frac{3}{4} =$ ______
8. $\frac{3}{7} + \frac{1}{3} =$ ______
9. $\frac{11}{12} - \frac{3}{8} =$ ______

Resuelve.

Muestra tu trabajo.

10. Leonor creció $\frac{7}{8}$ de pulgada este año. Su hermana Myra creció $\frac{3}{4}$ de pulgada.

    ¿Quién creció más? ______

    ¿Cuánto más? ______

11. La bolsa A contiene 16 trompas y 14 dulzainas. La bolsa B contiene 7 trompas y 8 dulzainas. Tú quieres que te den una dulzaina.

    ¿De qué bolsa sacarías un instrumento? ______

    ¿Por qué? ______

12. Al desayuno, Oliver se tomó $\frac{5}{16}$ de la jarra de jugo. Su hermano Joel se tomó $\frac{3}{8}$ de la jarra.
    ¿Cuánto jugo se tomaron entre los dos?

    ______

13. Si la jarra del ejercicio 12 tenía exactamente 1 cuarto de jugo, ¿cuánto queda ahora?

    ______

 Nombre ______ **Fecha** ______

Recuerda

Halla el área.

1\. (rectángulo: 12 cm, 5 cm)

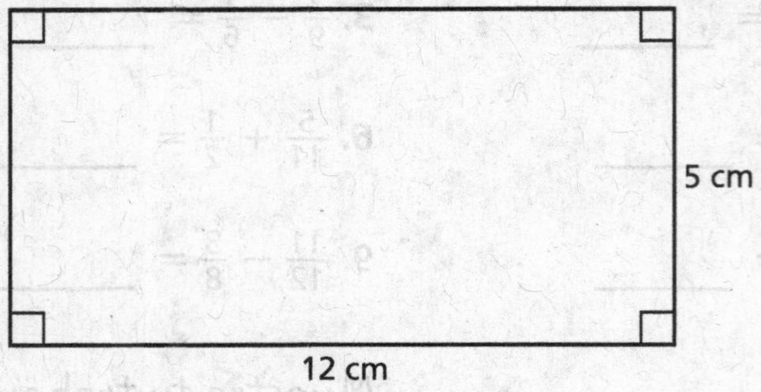

$A =$ ______

2\. 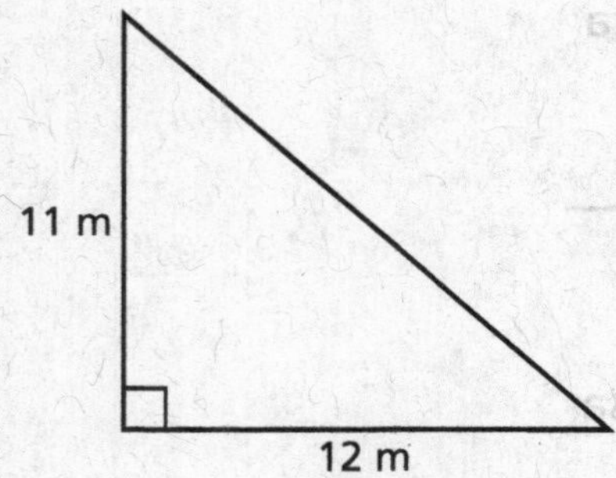

$A =$ ______

Resuelve *n* ó *d*.

3\. $\frac{1}{6} = \frac{n}{24}$ ______ 4. $\frac{3}{4} = \frac{15}{d}$ ______ 5. $\frac{9}{54} = \frac{1}{d}$ ______ 6. $\frac{10}{18} = \frac{n}{9}$ ______

7\. $\frac{3}{7} = \frac{18}{d}$ ______ 8. $\frac{3}{5} = \frac{n}{40}$ ______ 9. $\frac{27}{36} = \frac{n}{4}$ ______ 10. $\frac{14}{49} = \frac{2}{d}$ ______

11\. $\frac{5}{6} = \frac{n}{48}$ ______ 12. $\frac{1}{3} = \frac{20}{d}$ ______ 13. $\frac{21}{56} = \frac{3}{d}$ ______ 14. $\frac{20}{25} = \frac{n}{5}$ ______

Resuelve. *Muestra tu trabajo.*

15\. Un camión mide 5.4 m de alto. Pasa por debajo de un puente que mide 6.2 m de alto. ¿Cuánto espacio hay entre el techo del camión y el puente?

______

16\. Un salón de clase mide 10 yardas de largo. Están colocando baldosas cuadradas que miden 10 pulgadas de largo cada una. ¿Cuántas baldosas se necesitan para formar una hilera del largo del salón de clases?

______

Haz la tarea

Suma o resta. Escribe tus respuestas en su mínima expresión.

1. $7\frac{1}{2} + 6\frac{5}{8}$

2. $2\frac{3}{5} + 5\frac{1}{4}$

3. $5\frac{3}{8} + 2\frac{3}{4}$

4. $3\frac{4}{15} - 1\frac{1}{5}$

5. $9\frac{5}{6} - 4\frac{1}{8}$

6. $1\frac{1}{9} + 3\frac{5}{8}$

7. $8\frac{1}{6} - 2\frac{7}{12}$

8. $6\frac{7}{9} - 4\frac{2}{3}$

9. $3\frac{9}{14} - 1\frac{2}{7}$

Resuelve. *Muestra tu trabajo.*

10. El año pasado mi árbol de olmo medía $8\frac{5}{6}$ pies de alto. Este año mide $10\frac{1}{12}$ pies. ¿Cuánto creció en un año?

____

11. Luis recorrió $2\frac{3}{10}$ de milla en su bicicleta antes del almuerzo. Después de almorzar recorrió $1\frac{1}{4}$ millas. ¿Cuánto recorrió en total Luis?

____

12. Carrie pasó $2\frac{1}{2}$ horas cortando setos y $1\frac{1}{4}$ horas desyerbando el jardín. Se supone que debe trabajar 5 horas en el jardín. ¿Cuánto tiempo más tiene que trabajar?

____

Nombre ______________________ Fecha ______________

Recuerda

Suma o resta. Trata de usar el cálculo mental.

1. $3\frac{1}{4} + 2\frac{3}{4} =$ ______
2. $2\frac{3}{4} - \frac{1}{4} =$ ______
3. $3\frac{2}{5} + 4\frac{4}{5} =$ ______
4. $6\frac{6}{7} - 5\frac{2}{7} =$ ______
5. $8\frac{2}{3} + 1\frac{2}{3} =$ ______
6. $5\frac{6}{7} - 1\frac{2}{7} =$ ______
7. $3\frac{3}{5} + 3\frac{3}{5} =$ ______
8. $7\frac{7}{8} - 3\frac{3}{8} =$ ______
9. $5\frac{3}{8} + 3\frac{5}{8} =$ ______

Halla el área y el perímetro.

10.

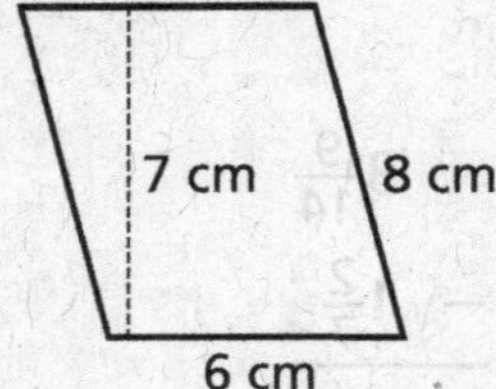

$P =$ __________

$A =$ __________

11.

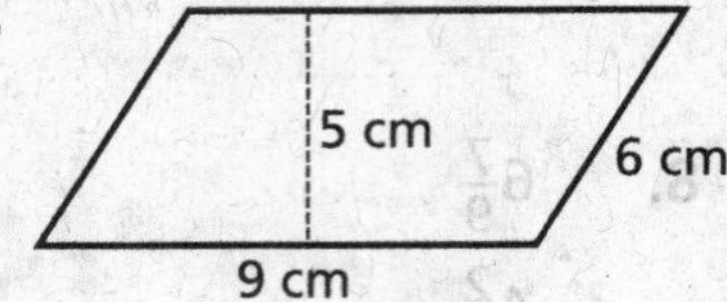

$P =$ __________

$A =$ __________

12.

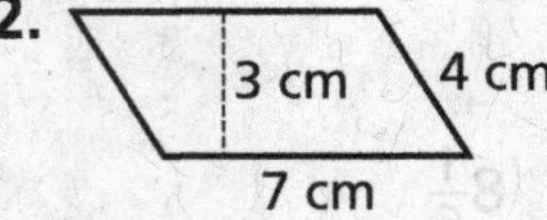

$P =$ __________

$A =$ __________

Resuelve los rompecabezas de factores.

13.

	__	__	
__	12		__
__	27	45	__
	__	__	

14.

	42
45	63

15.

18	48
	56

16.

	__	__	
__		49	__
__	12	21	__
	__	__	

17.

36	48
	56

18.

30	48
45	

 Nombre Fecha

Haz la tarea

1. Escribe una cadena de fracciones equivalentes para las partes sombreadas de los siguientes círculos.

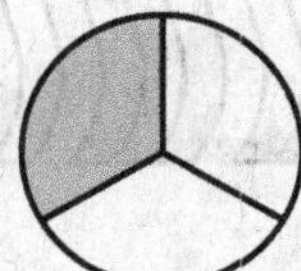    

______ = ______ = ______ = ______ = ______

Suma o resta. Escribe tu respuesta en su mínima expresión.

2. $\frac{2}{5} + \frac{1}{3} =$ ______
3. $\frac{2}{3} - \frac{1}{6} =$ ______
4. $\frac{13}{16} - \frac{3}{4} =$ ______
5. $\frac{2}{9} + \frac{1}{4} =$ ______
6. $\frac{9}{14} - \frac{2}{7} =$ ______
7. $\frac{3}{32} + \frac{3}{4} =$ ______

Una máquina de chicles tiene 4 tipos de chicles. Hay 36 rojos, 24 blancos, 18 azules y 12 negros.

8. ¿Cuál es el número total de chicles en la máquina?

______

9. ¿Qué fracción de los chicles son rojos? Simplifica la fracción.

______

10. ¿Qué fracción de los chicles son negros? Simplifica la fracción.

______

11. Los sabores preferidos de Pang son el azul y el negro. ¿Cuál es la probabilidad de que le salga alguno de esos dos sabores?

Escribe tu respuesta en su mínima expresión. ______

12. Los sabores preferidos de Tessa son el rojo y el blanco. ¿Cuál es la probabilidad de que le salga alguno de esos dos sabores?

Escribe tu respuesta en su mínima expresión. ______

13. **Desafío** Imagina que Tessa metió una moneda y sacó un chicle rojo. Si mete otra moneda, ¿cuál es la probabilidad de que le salga otro chicle rojo? ¿Puedes simplificar tu respuesta?

______

 Nombre ________________ Fecha ________________

Recuerda

¿Qué número mixto representa cada parte sombreada?

1.  ______

2.  ______

3. 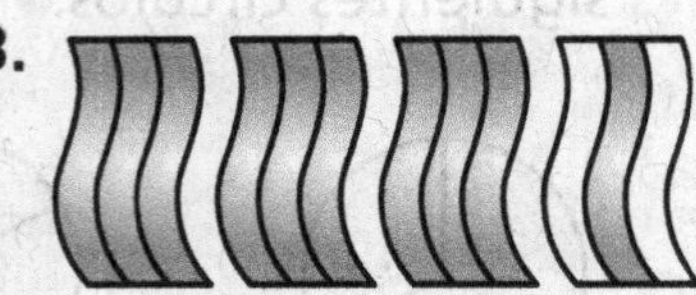 ______

Responde las preguntas sobre la gráfica de barras. Escribe tus respuestas como fracciones simples.

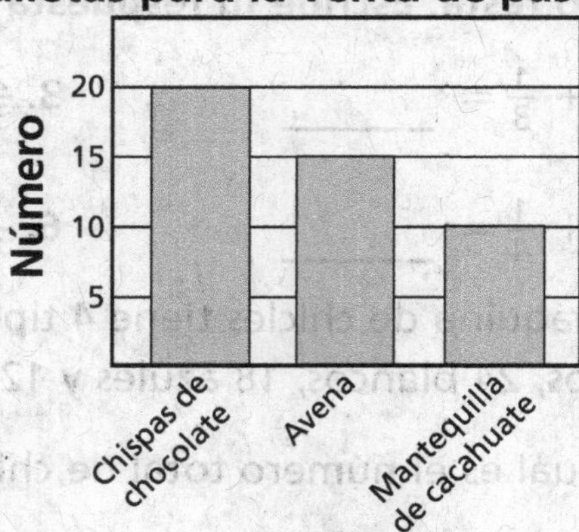

4. ¿Cuántas galletas hay en total? ______

5. ¿Qué fracción de las galletas son de chispas de chocolate? ______

6. ¿Qué fracción de las galletas son de avena? ______

7. ¿Qué fracción de las galletas son de mantequilla de cacahuate? ______

8. Melanie horneó 25 galletas. ¿Horneó más de la mitad o menos de la mitad de las galletas? ______ ¿Cómo lo sabes? ______________________

____

____

¿Qué unidad métrica usarías para medir cada objeto?

9. la longitud de tu zapato ______________________

10. la longitud de tu salón de clases ______________________

11. la distancia para cruzar tu estado ______________________

12. la longitud de tu calle ______________________

13. la circunferencia de un plato de mesa ______________________

Nombre ______________________ Fecha ______________

Haz la tarea

Resuelve. Simplifica tus respuestas, si es posible.

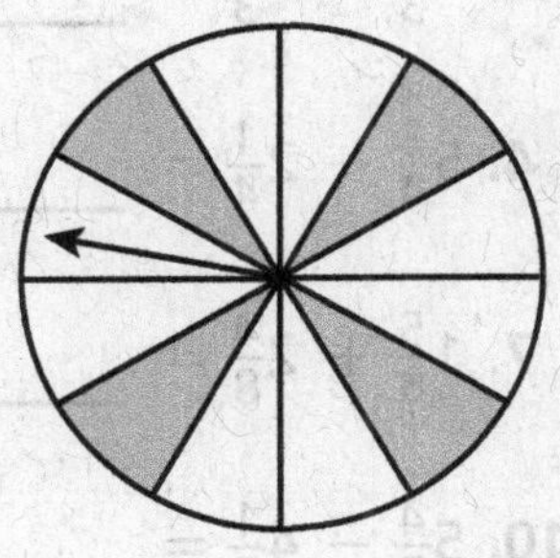

1. ¿Cuál es la probabilidad de que la flecha se detenga en una de las secciones sombreadas de la rueda giratoria?

____

¿Cuál es la probabilidad de que la flecha se detenga en una de las secciones blancas?

____

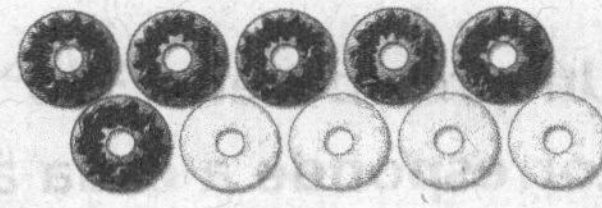

2. Si sacas una de estas rosquillas de la caja, ¿cuál es la probabilidad de que saques una de chocolate?

____

¿Cuál es la probabilidad de que saques una de vainilla?

____

3. Si sacas un anillo de una caja que tiene 8 anillos de plata y 12 anillos de oro, ¿cuál es la probabilidad de que saques un anillo de plata?

____

¿Cuál es la probabilidad de que saques un anillo de oro?

____

4. Este juego de mesa se llama *Calabozos y Coronas.* Si caes en uno de los cuadrados oscuros de las esquinas, irás a un calabozo. Si caes en uno de los cuadrados de estrella, serás coronado rey.

¿Cuál es la probabilidad de que caigas en un calabozo?

____

¿Cuál es la probabilidad de que te coronen rey?

____

 Nombre ____________________ Fecha ________

Recuerda

Suma o resta. Simplifica. Trata de usar cálculo mental.

1. $4\frac{1}{3} + 1\frac{2}{3} =$ ______
2. $2\frac{4}{6} - 1\frac{4}{6} =$ ______
3. $3\frac{5}{10} + 1\frac{1}{10} =$ ______
4. $5\frac{3}{4} - 2\frac{1}{4} =$ ______
5. $2\frac{1}{3} + 6\frac{1}{3} =$ ______
6. $10\frac{6}{7} - 5\frac{4}{7} =$ ______
7. $1\frac{5}{8} + 2\frac{4}{8} =$ ______
8. $9\frac{4}{6} - 3\frac{2}{6} =$ ______
9. $3\frac{2}{9} + 4\frac{1}{9} =$ ______
10. $5\frac{4}{5} - 4\frac{1}{5} =$ ______
11. $3\frac{2}{8} + 5\frac{7}{8} =$ ______
12. $7\frac{3}{10} - 3\frac{2}{10} =$ ______

Un círculo tiene 360°. ¿Qué fracción del círculo corresponde a cada ángulo? Simplifica tus respuestas.

360°

13. 90° ______
14. 45° ______
15. 180° ______
16. 120° ______
17. 60° ______
18. 30° ______
19. 10° ______
20. 5° ______

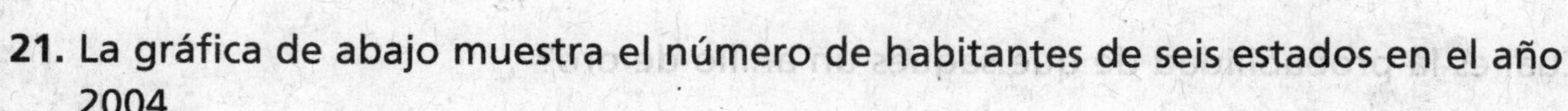

21. La gráfica de abajo muestra el número de habitantes de seis estados en el año 2004.

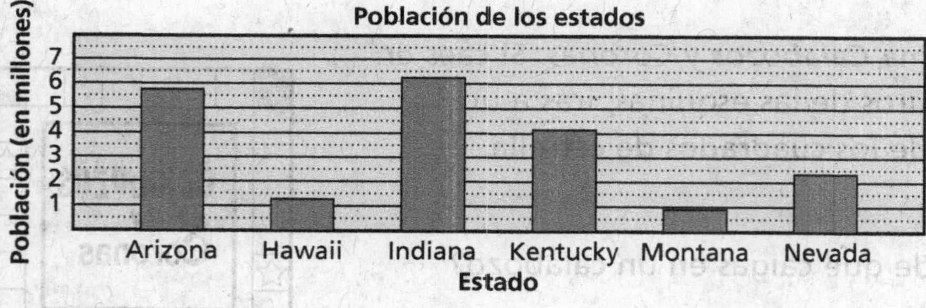

Estima la población de cada estado al millón más cercano.

____

____

____

____

Haz la tarea

Empareja las formas equivalentes.

A. $\frac{1}{2}$ **B.** 0.2 **C.** $0.\overline{3}$ **D.** $\frac{3}{4}$

1. 0.75 ______ **2.** $\frac{1}{3}$ ______ **3.** $\frac{2}{10}$ ______ **4.** 0.5 ______

Completa la recta numérica escribiendo cada fracción y decimal que faltan en las casillas dadas.

5.

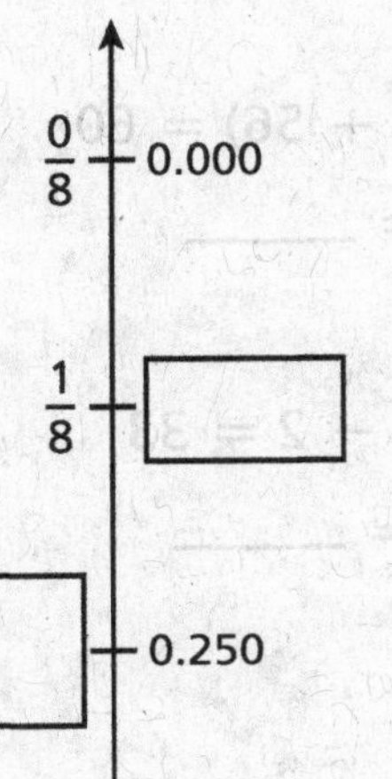

6.

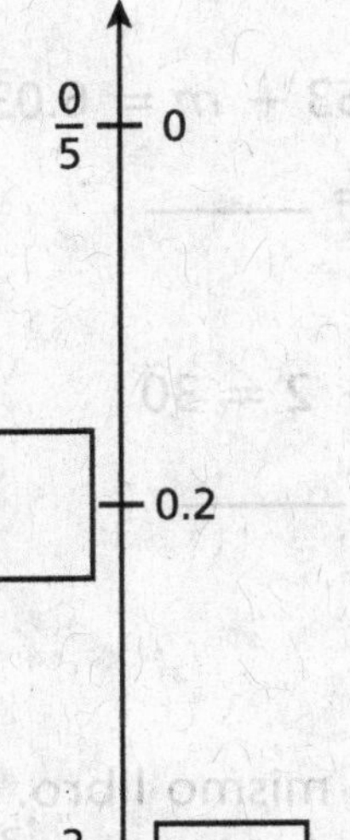

7.

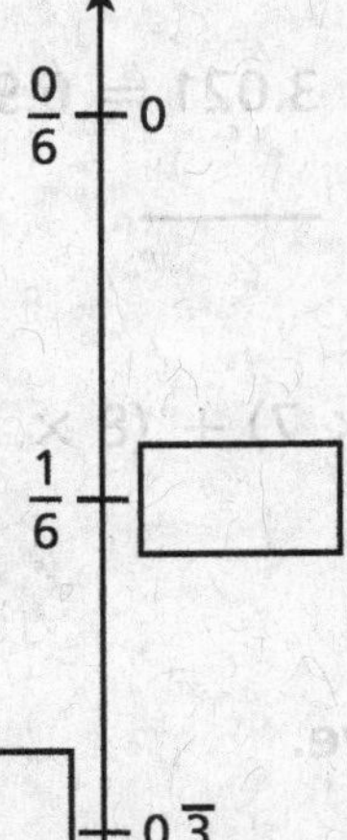

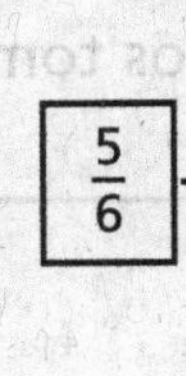

Nombre ______________________ Fecha ______________

Recuerda

Resuelve para hallar el número desconocido.

1. $5.67 - 3.86 = a$

   $a =$ ______

2. $11{,}402.7 - b = 1{,}889.1$

   $b =$ ______

3. $14.18 + v = 15.07$

   $v =$ ______

4. $n - 79.069 = 83.801$

   $n =$ ______

5. $1{,}450.9 + 87.12 = e$

   $e =$ ______

6. $394.621 - 206.45 = c$

   $c =$ ______

7. $y - 3.021 = 6.979$

   $y =$ ______

8. $4.753 + m = 6.033$

   $m =$ ______

9. $r(4 + 56) = 60$

   $r =$ ______

10. $(9 \times 7) + (8 \times 2) = d$

    $d =$ ______

11. $7j + 2 = 30$

    $j =$ ______

12. $7g - 2 = 33$

    $g =$ ______

Resuelve.

13. Los estudiantes tienen que leer el mismo libro. Khalil terminó de leer $\frac{6}{10}$ del libro. Laurence terminó de leer $\frac{3}{4}$ del libro. Nahlia leyó $\frac{3}{5}$ del libro. ¿Quiénes han leído la misma cantidad?

    ____

14. Jake corrió 2.59 millas el lunes y 3.68 millas el martes. ¿Qué día corrió más? ¿Cuántas millas más?

    ____

15. Patricia tomó 1,501 fotos de dos paseos de campo para el anuario de la escuela. Tomó 768 fotos en el primer paseo. ¿Cuántas fotos tomó en el segundo paseo?

    ____

Nombre ______________________ Fecha ______________

Haz la tarea

Compara. Escribe >, < ó =.

1. $\frac{5}{6}$ ◯ $\frac{5}{8}$

2. $\frac{7}{10}$ ◯ $\frac{9}{10}$

3. $\frac{8}{10}$ ◯ $\frac{4}{5}$

4. $\frac{3}{4}$ ◯ $\frac{7}{12}$

5. $2\frac{5}{12}$ ◯ $3\frac{1}{12}$

6. $4\frac{5}{16}$ ◯ $4\frac{7}{16}$

7. $21\frac{2}{3}$ ◯ $21\frac{2}{5}$

8. $5\frac{3}{8}$ ◯ $5\frac{5}{16}$

9. $6\frac{6}{8}$ ◯ $6\frac{3}{4}$

10. $\frac{2}{5}$ ◯ 0.4

11. $\frac{1}{3}$ ◯ 0.3

12. 0.758 ◯ $\frac{3}{4}$

13. 9.58 ◯ $9\frac{7}{12}$

14. $11\frac{1}{8}$ ◯ 11.12

15. $7\frac{5}{6}$ ◯ 7.83

Escribe los números en orden de mayor a menor.

16. $\frac{3}{5}$ $\frac{3}{4}$ $2\frac{4}{5}$ $\frac{7}{10}$ $2\frac{17}{20}$ ______________________

17. $\frac{5}{6}$ $\frac{2}{3}$ $3\frac{5}{9}$ $\frac{17}{18}$ $3\frac{1}{6}$ ______________________

Escribe los números en orden de menor a mayor.

18. $5\frac{2}{3}$ 5.6 $\frac{5}{6}$ 0.83 $5\frac{3}{4}$ ______________________

19. $7\frac{1}{2}$ $\frac{3}{8}$ 0.37 7.52 $\frac{31}{4}$ ______________________

 Nombre ____________________ Fecha ____________

Recuerda

Escribe la medida del ángulo desconocido.

1.

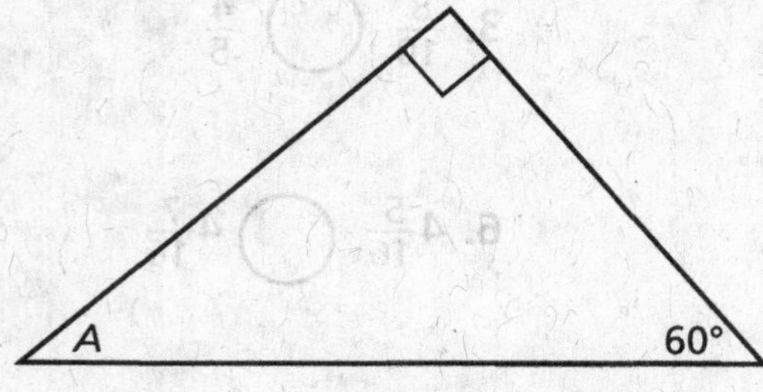

____

2.

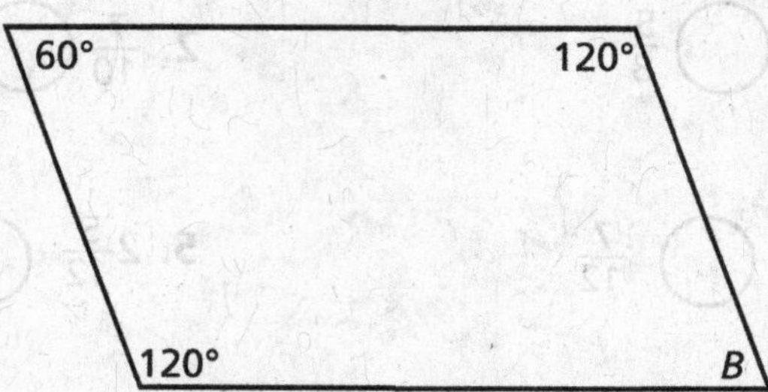

____

3.

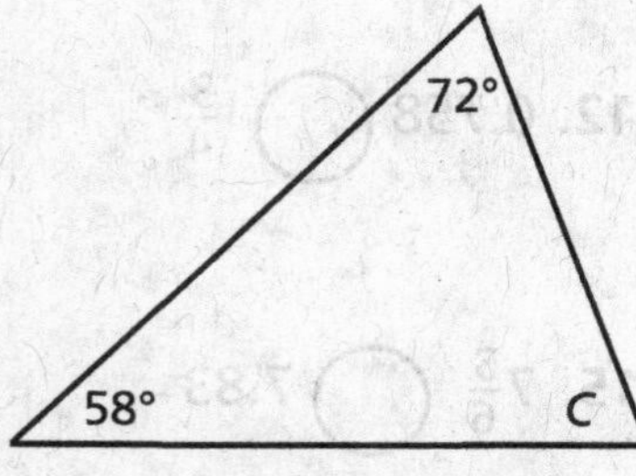

____

4.

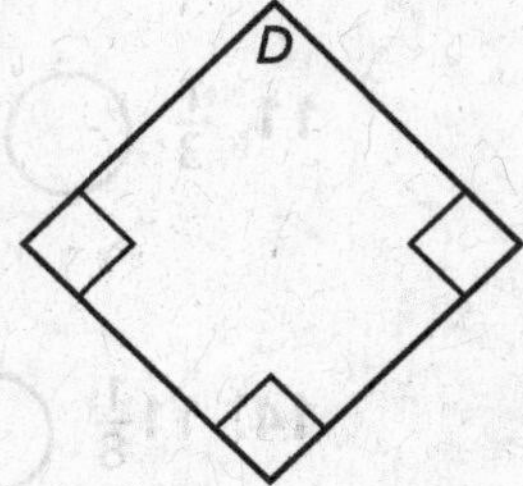

____

Resuelve. *Muestra tu trabajo.*

5. Tanya y Antoine tienen ambos una hoja de papel del mismo tamaño. Tanya dobla su hoja en octavos. Antoine dobla la suya en décimos. ¿Quién tiene más dobleces? ¿Quién tiene áreas dobladas más grandes?

____

6. Darren terminó $\frac{5}{6}$ de las tareas. Ofelia terminó $\frac{1}{6}$ menos que Darren. ¿Cuánto de sus tareas ha terminado de hacer Ofelia? Simplifica tu respuesta.

____

7. Una alfombra cubre $\frac{1}{4}$ del piso. El área de la alfombra es 10 pies cuad. ¿Cuál es el área del piso?

____

 Nombre _______________ Fecha _______________

Haz la tarea

Decide si cada sumando está más cerca de 0 o de 1. Luego, estima la suma o la diferencia.

1. $\frac{2}{5} + \frac{4}{7}$
   Estimación: _______

2. $\frac{13}{20} - \frac{3}{10}$
   Estimación: _______

3. $\frac{13}{18} + \frac{1}{2}$
   Estimación: _______

Estima redondeando cada número al número entero más cercano. Luego, suma o resta.

4. $3\frac{5}{8} - 1\frac{1}{2}$
   Estimación: _______

5. $6\frac{4}{9} + 5\frac{7}{12}$
   Estimación: _______

6. $7\frac{11}{18} - 4\frac{1}{15}$
   Estimación: _______

La lista de abajo muestra las variedades y cantidades de harina para una receta.

Cantidades de harina (lb = libra)

Harina A 4.4 lb	Harina B 5.7 lb
Harina C 5.1 lb	Harina D 4.9 lb

Decide si cada cantidad está más cerca de una libra entera o de media libra. Luego, *estima* la cantidad total de harina usada.

7. B + C _______

8. A + D _______

Resuelve.

9. Estima la diferencia de $8\frac{7}{12} - 4\frac{7}{8} - \frac{4}{10}$.
   Explica cómo obtuviste la respuesta.

____

____

 Nombre ____________________ Fecha ____________

Recuerda

Usa el siguiente diagrama para responder los ejercicios 1 a 6.

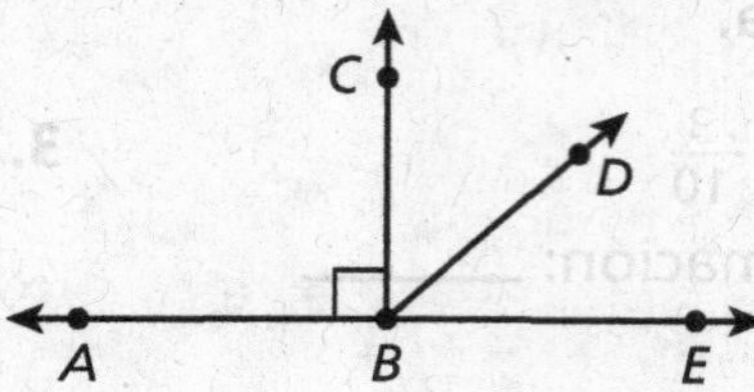

1. ¿Cuáles ángulos son complementarios?

2. ¿Cuáles ángulos son suplementarios?

3. ¿Cuál es un ángulo recto?

4. ¿Cuáles ángulos son rectos?

5. ¿Cuáles ángulos son agudos?

6. ¿Cuál es un ángulo obtuso?

Resuelve.

7. Belle sembró 7 caléndulas en cada una de las 8 filas de su jardín. Luego sembró 2 tulipanes en cada fila. Si compró 60 caléndulas en total, ¿le sobraron algunas? De ser así, ¿cuántas?

8. Lionel tiene tres veces más DVD que Brad. Brad tiene la mitad de DVD que tiene Iris. Si Iris tiene 20 DVD, ¿cuántos DVD tienen en total?

9. Un triángulo tiene una base de 5 cm y una altura de 10 cm. Un cuadrado tiene un lado de 5 cm. ¿Cuál de las dos figuras tiene mayor área?

Haz la tarea

1. **Conexiones** Un tapete cuadrado está encima de un piso rectangular. El tapete tiene un perímetro de 16 pies. El piso tiene un perímetro de 28 pies y una longitud de 6 pies. ¿Qué área del piso no está cubierta por el tapete? Muestra tu trabajo.

____

2. **Representación** Manuel necesita un tubo que mide 0.6 pies de largo. Tiene un pedazo de tubo que mide $\frac{3}{5}$ pies de largo. ¿Tiene suficiente tubo? Decide usando una recta numérica.

____

3. **Comunicación** Madison completó a tiempo 36 de 60 pulseras para la feria de artesanías de la escuela. Dice que por lo menos ha completado $\frac{4}{5}$ de las pulseras. ¿Es correcto? Explica si lo es o no lo es.

____

____

____

4. **Razonamiento y prueba.** ¿Es posible dibujar un círculo de 30 pulg de circunferencia adentro de un cuadrado de 100 $pulg^2$ de área? Explica. Haz un dibujo para comprobar tu respuesta. Usa 3 para π.

____

____

____

 Nombre ________________ Fecha ________

Recuerda

Compara. Escribe >, < ó =.

1. 3,467,080 ◯ 34,670,800

2. 521,987 ◯ 521,887

3. 1,746.8 ◯ 1,746.80

4. $\frac{1}{4}$ ◯ $\frac{1}{2}$

5. $\frac{5}{6}$ ◯ $\frac{2}{3}$

6. $468\frac{1}{5}$ ◯ $4{,}680\frac{1}{5}$

7. $15\frac{3}{8}$ ◯ $15\frac{7}{10}$

8. $23\frac{6}{10}$ ◯ 23.5

9. $9\frac{5}{8}$ ◯ 9.62

10. $14\frac{2}{3}$ ◯ 14.68

Resuelve. Escribe tu respuesta en su mínima expresión. *Muestra tu trabajo.*

11. Tom está entrenando para el maratón. El lunes caminó $1\frac{3}{4}$ millas de ida y regreso hasta el parque. El martes caminó $2\frac{1}{8}$ millas de ida y regreso hasta otro parque. ¿Cuánto caminó Tom en total?

____

12. La circunferencia de un círculo es 24 m. ¿Cuál es el radio del círculo? Usa 3 para π.

____

13. Una piscina circular mide 30 pies alrededor. ¿Aproximadamente cuánto mide la parte más ancha de la piscina? Usa 3 para π.

____

Nombre _______________ Fecha _______________

Haz la tarea

Resuelve. *Muestra tu trabajo.*

1. El interior de una heladera mide 6 pies de alto, 3 pies de ancho y 2 pies de profundidad. ¿Cuántos pies cúbicos de espacio tiene el interior de la heladera?

____

2. Isabel quiere estimar el volumen de su habitación si la habitación estuviera desocupada. La habitación mide 4 metros de largo, 3 metros de ancho y 3 metros de alto. ¿Cuál es el volumen de la habitación de Isabel?

____

3. Miguel está pintando las letras del abecedario en unos cubos. En cada cara pinta una letra diferente. Él sabe que el español tiene 27 letras. ¿Cuántos cubos necesitará si pinta cada letra una sola vez? ¿Cuántas caras quedarán sin pintar en el último cubo?

____

4. ¿Cuánto cambia el volumen de un prisma si cada una de las medidas del prisma se duplica?

____

5. Un prisma rectangular mide 4 cm de largo y 5 cm de ancho. El volumen del prisma es 200 cm cúbicos. La altura del prisma es desconocida. Explica cómo hallar la altura del prisma. Luego, escribe la altura.

____

____

____

____

____

 Nombre Fecha

Recuerda

Multiplica para escribir tres fracciones que sean equivalentes a cada fracción dada.

1. $\frac{2}{3}$ 2. $\frac{3}{5}$ 3. $\frac{5}{8}$ 4. $\frac{9}{10}$

Suma o resta.

5. $\frac{2}{3} + \frac{3}{5} =$ ______
6. $\frac{9}{10} + \frac{3}{5} =$ ______
7. $\frac{5}{8} + \frac{9}{10} =$ ______
8. $\frac{5}{8} + \frac{2}{3} =$ ______

Calcula el área de cada figura en centímetros cuadrados.

9.

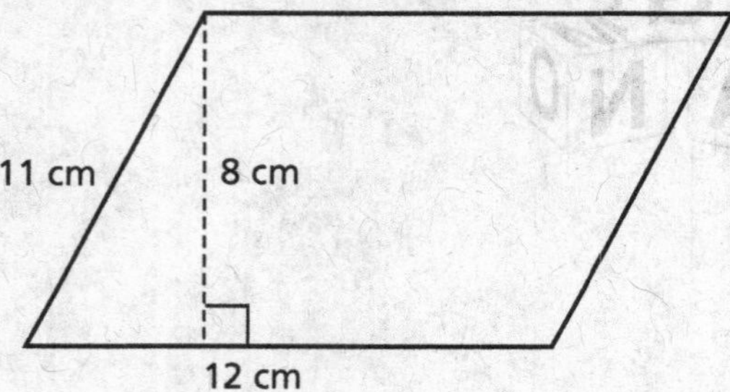

10.

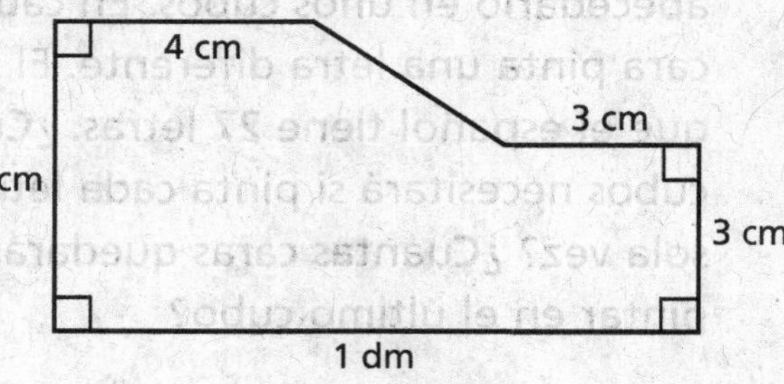

Haz un dibujo para resolver cada problema.

Los lados de un triángulo recto miden 6 cm, 8 cm y 1 dm.

11. ¿Cuál es el perímetro en centímetros? ______

12. ¿Cuál es el área en centímetros cuadrados? ______

Resuelve los rompecabezas de factores.

13.

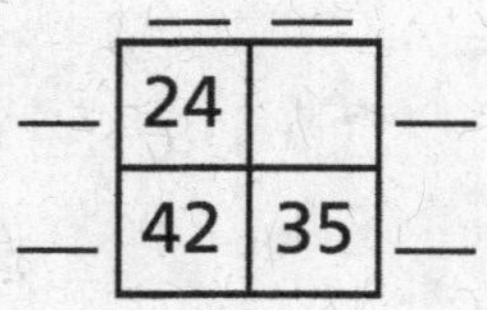

24	
42	35

14.

	21
72	63

15.

30	48
	40

Haz la tarea

En cada pregunta, escribe si medirías longitud, área o volumen.

1. La cantidad de espacio adentro de una camioneta en movimiento ______________
2. El número de baldosas que se necesitan para cubrir el piso de un baño ______________
3. La distancia desde una terraza hasta un árbol ______________
4. La cantidad de agua adentro de una cubeta ______________
5. La altura de un asta de bandera ______________

Resuelve.

6. Una caja mide 5 pulgadas de largo, 4 pulgadas de ancho y 1 pulgada de profundidad. ¿Cuánto espacio hay adentro de la caja?

____

7. Aponi hizo una caja para guardar los juguetes de su sobrina. La caja tiene un volumen de 12 pies cúbicos. Tiene 3 pies de largo y 2 pies de ancho. ¿Qué profundidad tiene la caja?

____

8. El tapete de la habitación de Alan tiene un área de 18 pies cuadrados. Está pensando en comprar otro tapete que es el doble de largo y el doble de ancho. ¿Cuál es el área del nuevo tapete?

____

9. Cada cajón de la mesa de noche de Monique tiene un volumen de 6 decímetros cúbicos. Cada cajón de su armario es el doble de largo, el doble de ancho, y el doble de profundo. ¿Cuál es el volumen de uno de los cajones del armario de Monique?

____

10. Fong y Daphne armaron estas estructuras. ¿Quién usó más cubos? ¿Cuántos más?

____

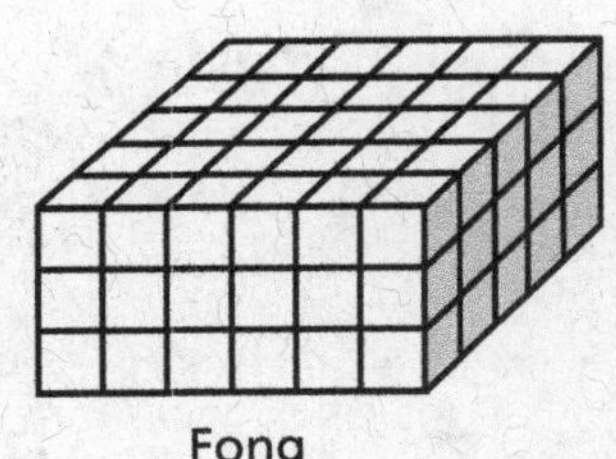
Fong

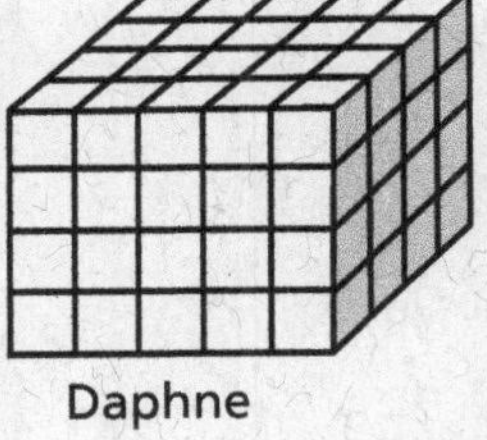
Daphne

 Nombre ______________________ Fecha ______________

Recuerda

1. Escribe las hojas en orden, de la más larga a la más corta.

Roble	Arce
	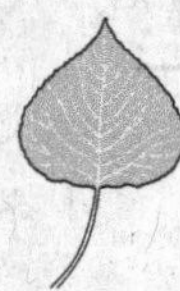
5.04 cm	5.030 cm
Olmo	**Álamo**
5.023 cm	5.032 cm

Más larga ____________

____

____

Más corta ____________

Suma. Escribe la respuesta como decimal y como fracción.

	Decimal	Fracción
2. 0.8 + 0.09	________	________
3. 0.32 + 0.4	________	________
4. 0.51 + 0.07	________	________
5. 0.006 + 0.2	________	________
6. 0.409 + 0.5	________	________

Haz la tarea

Resuelve.

1. 3 kL = ______ L
2. 2,500 mL = ______ L
3. 5,000 L = ______ kL
4. 1.5 L = ______ mL
5. 12 kL = ______ L
6. 7,500 mL = ______ L
7. 2 pt = ______ ct
8. 4 ct = ______ gal
9. 2 tz = ______ pt
10. 3 ct = ______ pt
11. 1 ct = ______ tz
12. 5 gal = ______ ct

Escribe una fracción.

13. ¿Qué fracción de 1 galón es 1 cuarto?

____

14. ¿Qué fracción de 1 litro es 1 mililitro?

____

15. ¿Qué fracción de 1 kilolitro es 1 litro?

____

16. ¿Qué fracción de 1 pinta es 1 galón?

____

Resuelve. *Muestra tu trabajo.*

17. César compró 2 bolsas de harina de 1 kilogramo de peso cada una. Compró otra bolsa de 500 gramos. ¿Cuántos gramos de harina compró?

____

18. Samantha vio dos botellas de salsa de tomate en la tienda por el mismo precio. Una botella contenía un litro de salsa y la otra contenía 750 mililitros de salsa. ¿Qué botella era la mejor compra?

____

19. Hay una jarra llena de limonada. ¿Qué unidad de capacidad describe mejor la cantidad de limonada en la jarra? Explica.

____

____

____

____

Recuerda

¿Cuál es el área de cada figura?

1. 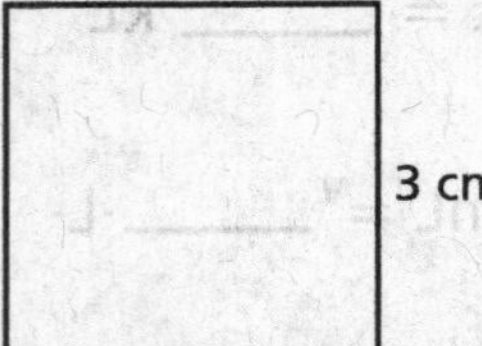

2. 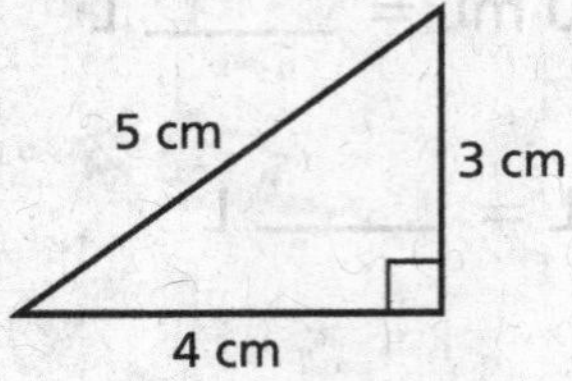

3. 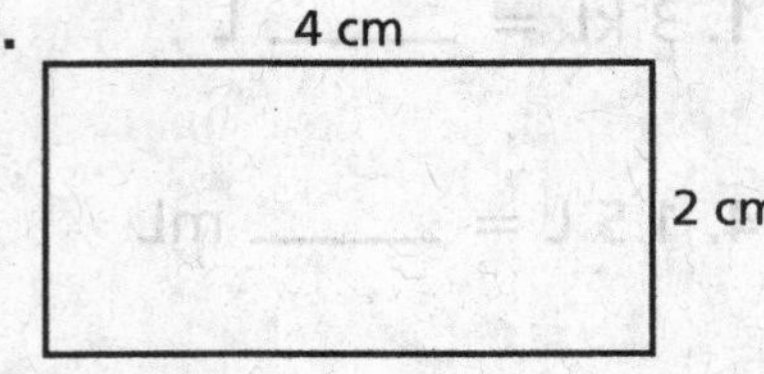

4. Mira de nuevo las figuras de arriba. ¿Cuál tiene mayor perímetro?

Resuelve. Escribe tus respuestas en su mínima expresión.

5. ¿Qué fracción de 1 pie son 2 pulgadas?

6. ¿Qué fracción de 1 yarda son 18 pulgadas?

En el ejercicio 7, escribe las fracciones en su mínima expresión.

7. Una bolsa de papel contenía 12 canicas. Las canicas son idénticas, excepto por el color. La bolsa contiene 5 canicas rojas, 4 canicas blancas y 3 canicas azules.

   ¿Cuál es la probabilidad de sacar de la bolsa sin mirar:

   una canica blanca?

   una canica azul?

   una canica roja o una blanca?

   una canica que no sea blanca?

   una canica roja, una blanca o una azul?

Haz la tarea

Completa.

1. 3 g = ______ mg
2. 50 kg = ______ g
3. 2,000 mg = ______ g

4. 2 kg = ______ g
5. 1,500 mg = ______ g
6. 7,500 g = ______ kg

7. 1 lb = ______ oz
8. 2 T = ______ lb
9. 32 oz = ______ lb

10. 1,000 lb = ______ T
11. 4 lb = ______ oz
12. 10,000 lb = ______ T

Escribe un número mixto en su mínima expresión que represente cada número de onzas.

13. 40 oz = ______ lb
14. 50 oz = ______ lb
15. 44 oz = ______ lb

16. 68 oz = ______ lb
17. 22 oz = ______ lb
18. 94 oz = ______ lb

Resuelve.

Muestra tu trabajo.

19. En un vivero se vende semilla de césped por $8 la libra. Kalil gastó $10 en semilla de césped. ¿Qué cantidad de semilla compró?

____

20. Irina estima que lleva 3 kg de peso en su mochila de la escuela. Si su almuerzo tiene una masa de 500 g, ¿cuál es la masa de todo lo demás que hay en su mochila?

____

21. Un camión transporta 500 libras de carga. Desocupado, el camión pesa $2\frac{1}{2}$ toneladas. ¿Cuánto pesa el camión con su carga, en toneladas?

____

22. En una tienda de abarrotes, los cacahuates salados con cáscara cuestan 30¢ la onza. ¿Te alcanza $1.50 para comprar 1 libra de cacahuates? De ser así, ¿cuánto dinero sobraría?

____

Nombre ______ Fecha ______

Recuerda

Dibuja y rotula cada figura. Usa tu regla o un transportador.

1. rayo *AB*

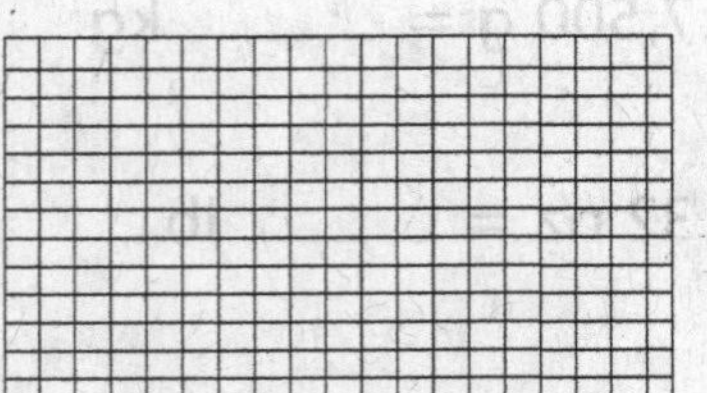

2. segmento *YN*

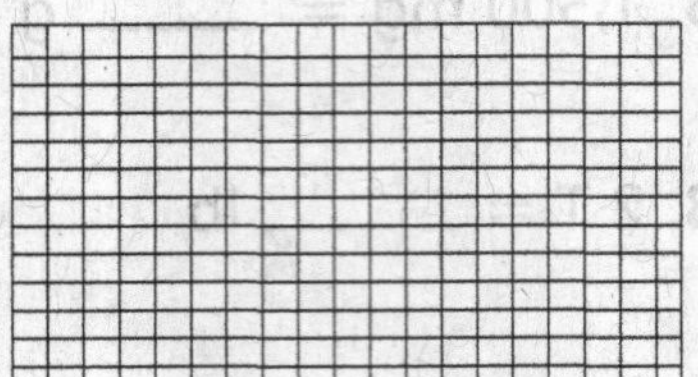

3. líneas perpendiculares *CQ* y *DX*

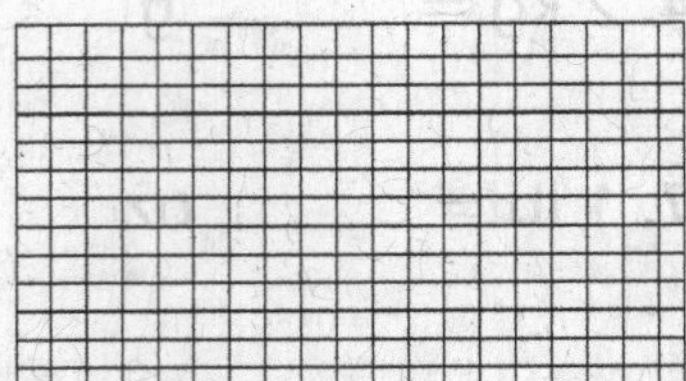

Halla cada medida que falta de los ángulos.

4.

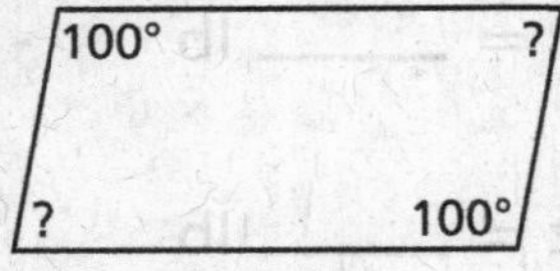

______

5.

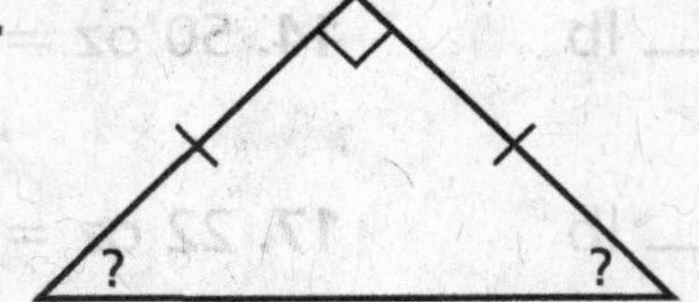

______

Compara. Escribe >, < ó =.

6. 27 ◯ 31 **7.** 54 ◯ 80 **8.** 106 ◯ 101 **9.** 330 ◯ 303

10. $\frac{1}{2}$ ◯ $\frac{5}{10}$ **11.** $\frac{1}{3}$ ◯ $\frac{2}{3}$ **12.** $\frac{7}{8}$ ◯ $\frac{3}{8}$ **13.** $\frac{1}{1}$ ◯ $\frac{3}{3}$

14. $\frac{3}{4}$ ◯ $\frac{7}{8}$ **15.** $\frac{3}{15}$ ◯ $\frac{1}{5}$ **16.** $\frac{5}{6}$ ◯ $\frac{1}{2}$ **17.** $\frac{1}{4}$ ◯ $\frac{1}{3}$

Resuelve.

18. Tres octavos de la parte interna de una figura están sombreados. ¿Qué fracción de la parte interna no está sombreada?

______

Haz la tarea

Usa la información de la tabla para completar los ejercicios de abajo.

Métrico	Usual
kilo = 1,000	1 pinta (pt) = 2 tazas (tz)
mili = $\frac{1}{1,000}$	1 cuarto (ct) = 2 pintas 1 galón (gal) = 4 cuartos
1 gramo (g) = 1,000 miligramos (mg)	1 libra (lb) = 16 onzas (oz)
1 kilolitro (kL) = 1,000 litros (L)	1 tonelada (T) = 2,000 libras

1. 12 pt = ______ gal ______ ct

2. 2 L 5 mL = ______ mL

3. 2 lb 4 oz = ______ oz

4. 2,500 L = ______ kL ______ L

5. 2 kg 100 g = ______ g

6. 2 gal 1 pt = ______ tz

7. 95 oz = ______ lb ______ oz

8. 3,675 mg = ______ g ______ mg

Suma o resta.

9. 4 qt 1 pt + 3 qt 1 pt

10. 4 pt − 2 pt 1 tz

11. 6 gal 3 ct + 4 gal 2 ct

12. 13 g − 10 g 700 mg

13. 7 T 1,200 lb + 4 T 800 lb

14. 18 lb 3 oz − 17 lb 14 oz

15. 6 g 550 mg + 2 g 1,850 mg

16. 15 kL 750 L + 14 kL 250 L

17. 13 gal 1 ct − 9 gal 2 ct

Recuerda

Halla *n* o *d*.

1. $\frac{3}{10} = \frac{n}{90}$ $n =$ ______

2. $\frac{4}{9} = \frac{36}{d}$ $d =$ ______

3. $\frac{6}{8} = \frac{3}{d}$ $d =$ ______

4. $\frac{24}{56} = \frac{n}{7}$ $n =$ ______

5. $\frac{35}{45} = \frac{n}{9}$ $n =$ ______

6. $\frac{6}{7} = \frac{54}{d}$ $d =$ ______

Suma o resta. Escribe tus respuestas en su mínima expresión.

7. $7\frac{2}{3} - 5\frac{1}{6}$

8. $9\frac{3}{4} + 7\frac{3}{8}$

9. $2\frac{3}{7} + 1\frac{1}{2}$

10. $7\frac{3}{4} - 3\frac{5}{6}$

11. $4\frac{3}{5} + 2\frac{1}{2}$

12. $6 - 1\frac{7}{10}$

13. $5\frac{2}{3} - 3\frac{6}{7}$

14. $6\frac{2}{3} + 5\frac{5}{8}$

15. $8\frac{5}{6} + 1\frac{5}{12}$

Resuelve. Escribe tus respuestas en su mínima expresión.

16. De 3 pizzas enteras, se comieron $1\frac{7}{10}$ de pizza. ¿Cuánta pizza quedó?

____

17. Francesca tiene $\frac{16}{7}$ de cuerda para su cometa. Jason tiene $2\frac{3}{4}$ de cuerda para la suya. Katie tiene más cuerda que Francesca o que Jason. ¿Cuánta cuerda puede tener Katie? Explica tu respuesta.

____

Haz la tarea

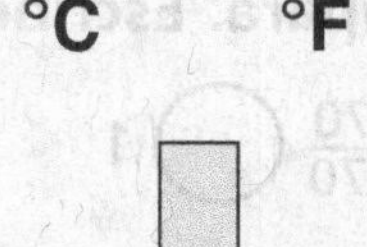

1. Afuera se está formando hielo. ¿Qué temperatura en grados Fahrenheit no puede hacer afuera? ¿En grados Celsius?

____

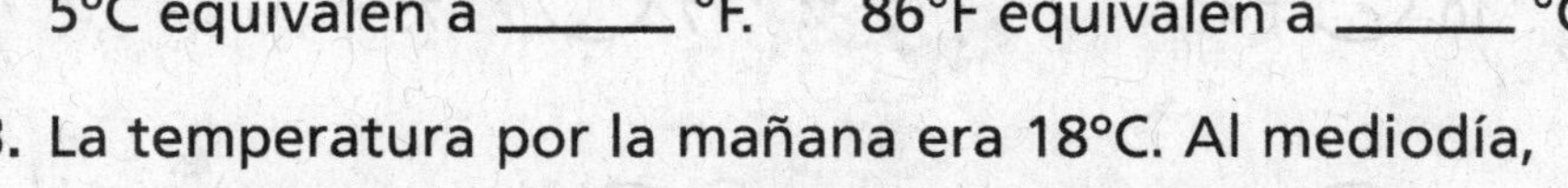

2. Escribe la temperatura equivalente.
5°C equivalen a ______ °F. 86°F equivalen a ______ °C.

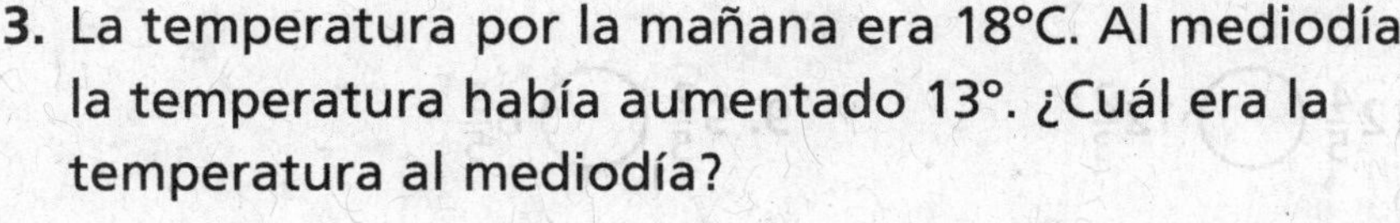

3. La temperatura por la mañana era 18°C. Al mediodía, la temperatura había aumentado 13°. ¿Cuál era la temperatura al mediodía?

____

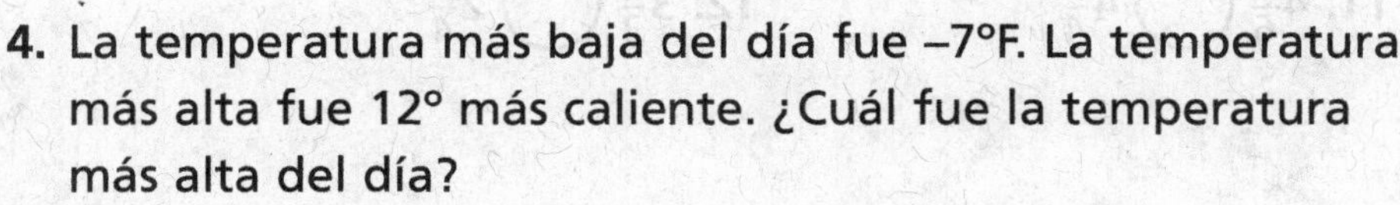

4. La temperatura más baja del día fue –7°F. La temperatura más alta fue 12° más caliente. ¿Cuál fue la temperatura más alta del día?

____

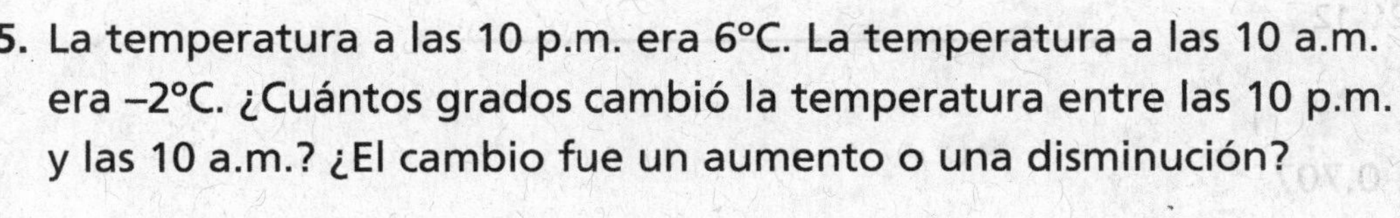

5. La temperatura a las 10 p.m. era 6°C. La temperatura a las 10 a.m. era –2°C. ¿Cuántos grados cambió la temperatura entre las 10 p.m. y las 10 a.m.? ¿El cambio fue un aumento o una disminución?

____

6. ¿Qué herramientas y qué unidades se pueden usar para medir el peso y la masa de un libro? Explica.

____

____

El diagrama de tallo y hojas muestra las temperaturas a ciertas horas de la mañana. Úsalo para responder cada pregunta.

Temperaturas por hora (°F)	
Tallo	Hoja
0	5
1	0 4 6
2	3

Leyenda: 1|0 significa 10°F.

7. ¿Cuántas temperaturas están por encima del punto de congelación?

____

8. ¿Cuántas temperaturas son más calientes que 15°F?

____

Nombre ______________________ Fecha ______________

Recuerda

Compara. Escribe >, < ó =.

1. $\frac{70}{70}$ ◯ 1
2. $\frac{4}{9}$ ◯ $\frac{8}{9}$
3. $\frac{5}{6}$ ◯ $\frac{8}{9}$
4. $6\frac{13}{13}$ ◯ 7
5. $4\frac{7}{10}$ ◯ $3\frac{9}{10}$
6. $14\frac{6}{7}$ ◯ $14\frac{3}{7}$
7. $9\frac{1}{2}$ ◯ $9\frac{3}{4}$
8. $12\frac{4}{5}$ ◯ $12\frac{2}{3}$
9. $9\frac{2}{5}$ ◯ $8\frac{9}{5}$
10. $24\frac{1}{3}$ ◯ $23\frac{11}{6}$
11. $4\frac{5}{6}$ ◯ $4\frac{3}{4}$
12. $3\frac{2}{3}$ ◯ $2\frac{7}{4}$

Ordena lo siguiente de menor a mayor.

13. $\frac{12}{12}$, $1\frac{5}{12}$, $\frac{11}{12}$, $1\frac{1}{12}$, $\frac{19}{12}$ ______________________

14. 0.75, 0.749, 0.7, 0.707 ______________________

15. $\frac{2}{3}$, $\frac{1}{4}$, $\frac{1}{6}$, $\frac{7}{12}$ ______________________

Resuelve.

16. Karla va a sacar un instrumento para escribir de la Caja A que contiene 12 lápices y 8 bolígrafos. Pablo va a sacar uno de la Caja B que contiene 7 lápices y 3 bolígrafos. ¿Quién tiene más probabilidad de escoger un lápiz? ¿Por qué?

____

____

Haz la tarea

Completa.

1. $1\frac{1}{2}$ días = ______ horas

2. 5 minutos 27 seg = ______ seg

3. 28 meses = ______ años
______ meses

4. $1\frac{1}{2}$ hr = ______ min

5. 49 hr = ______ días ______ hora

6. 248 min = ______ hr ______ min

7. 28 días = ______ semanas

8. $3\frac{1}{4}$ min = ______ seg

Resuelve.

9. Dan se demora 25 minutos caminando hasta el trabajo. Si llegó al trabajo a las 6:40 a.m., ¿a qué hora salió de su casa?

____

10. La práctica de fútbol dura 2 horas y 10 minutos. ¿A qué hora comenzó la práctica si terminó a la 1:05 p.m.?

____

11. Karolinka se fue a dormir a las 9:45 p.m. y se despertó a las 6:30 a.m. ¿Cuánto tiempo durmió Karolinka?

____

12. La película comenzó a las 11:35 a.m. y duró 2 horas 25 minutos. ¿A qué hora terminó la película?

____

13. Sara hizo una presentación en la feria de ciencias desde las 8:12 a.m. hasta las 11:02 a.m. En ese tiempo se ofreció un refrigerio de 35 minutos. ¿Cuál fue el tiempo real de la presentación de Sara?

____

14. El sábado, Colby estudió de 10:35 a.m. a 11:30 a.m.; de 11:55 a.m. a 2:30 p.m.; y de 3:15 p.m. a 5:40 p.m. ¿Cuál es una estimación razonable del tiempo que estudió?

____

Nombre ________________ Fecha ________

Recuerda

Escribe >, < ó =.

1. 0.4 ◯ 0.40 **2.** 0.7 ◯ 0.07 **3.** 0.54 ◯ 0.543

4. 1.6 ◯ 1.599 **5.** 32.853 ◯ 32.851 **6.** 0.8 ◯ $\frac{4}{5}$

7. $\frac{1}{4}$ ◯ 0.26 **8.** $\frac{9}{10}$ ◯ 0.899 **9.** $23\frac{2}{5}$ ◯ 23.41

10. $10\frac{1}{2}$ ◯ 10.52 **11.** 5.3 ◯ $5\frac{3}{4}$ **12.** 66.2 ◯ $65\frac{6}{5}$

Ordena lo siguiente de mayor a menor.

13. $3\frac{1}{6}$, $2\frac{5}{3}$, $3\frac{5}{8}$, $3\frac{3}{4}$ ____________________

14. 0.5, $\frac{5}{6}$, 0.7, $\frac{2}{3}$ ____________________

15. $4\frac{3}{5}$, 4.1, $4\frac{1}{2}$, 4.2 ____________________

Resuelve. Usa 3 para π.

16. La circunferencia de un círculo es 18 pies. ¿Aproximadamente cuál es el diámetro del círculo?

____

17. El círculo A tiene una circunferencia de 24 m. El círculo B tiene un radio de 5 m. ¿Qué círculo tiene la circunferencia más grande?

____